한민족의 문화

홍익인간
이야기

조한석 저

청어

한민족의 문화

홍익인간 이야기

조한석 저

홍익인간 이념은 이렇게 전해졌다

우주에 존재하는 생물과 동물들은 자세히 살펴보면, 서로 도움을 주거나 받으며 살고 있다. 사람들도 자연의 섭리와 이치에 따라 서로 도움을 주거나 받으며 살아가고 있다.

어느 날, 환인(桓因)은 동녀동남(童女童男) 800명을 거느리고 최초의 국가 환국(桓國)을 건국하였다. 백성들이 추위와 배고픔에 힘들어했다. 이때 백성들의 우두머리 환인(桓因)이 돌을 부딪쳐 불을 피워 음식을 익혀 먹는 법을 처음으로 가르쳤다.

배달국(倍達國)에서는 환웅(桓雄)이 천부와 인을 지니고, 오사(五事: 농사·왕명·형벌·질병·선악)를 주관하며, 세상을 다스릴 때 인간을 널리 이롭게 하였다. 이런 과정을 16자[일신강충(一神降衷)·성통광명(性通光明)·재세이화(在世理化)·홍익인간(弘益人間)]로 남겼다.

고조선(古朝鮮) 11세 단군 도해(道奚)는 "하늘·땅·사람의 창조 정신과 목적"이 담긴 염표문(念標文)을 남겼다. 이 염표문에는 천지인(天地人)의 삼위일체의 도(道)로써 완성하면서, 결론으로 16자[一神降充 性通光明 在世理化 弘益人間]를 담았다.

대한민국 초대 문교부 장관 안호상은 모든 공용문서를 한글로 쓰도록 규정한 법률을 통과시키고, 홍익인간 정신을 근간으로 하는 교육이념을 토대로 한국교육의 방향을 구축하였다. 고조선에서 유래하는 상징들이 제도 속에 자리 잡을 수 있도록 하였다.

대한민국 교육기본법 제2조(교육이념)에 교육은 홍익인간(弘益人間)의 이념 아래 모든 국민에게 인격을 도야(陶冶)하고, 자주적 생활능력과 민주시민으로서 필요한 자질을 갖추게 함으로써, 인간다운 삶을 영위하게 하는 이상을 실현하는 데에 이바지함을 목적으로 했다.

정신문화는 담론(談論)에 따라 "교양으로서의 문화·진보로서의 문화·예술 및 정신적 산물로서의 문화·상징체계 혹은 생활 양식으로서의 문화"로 변화되는 특징을 지니고 있다.

현재 온 세상이 물질을 바탕으로 이루어진 문명으로 극단적 양극화로 심한 갈등을 겪고 있다. 지금에 이르러 세계적인 학자들이 동양철학에서 그 방법을 찾으려 하고 있다. 그렇다. 홍익인간 이념을 이해하고 그 정신을 바탕으로 실천할 때 밝은 미래가 펼쳐질 것이다.

당신이 옆에 있어 행복했습니다
ㅡ칠순(2025. 3. 2)을 맞이한 전영순(全英順)에게

당신이 올곧은 마음을 담아
열심히 사는 모습 보여주니
모두
자랑스럽게 따라오고 있다오.

당신 옆에 있었던 행운으로
최치원 선생이 남긴
갑골문 천부경(天符經)을
한글 "우주만물의 이야기"로 남겼다오.

삭신의 고통 이겨낸 당신이
훗날
자취를 뒤돌아보며
보람된 삶이었노라! 흥얼거릴 수 있기를…

차례

Ⅰ장
한민족
전통사상 속의
홍익인간

II장
홍익인간 이념의
형성과 전개 과정

홍익인간
이념이 담긴
생활환경 조성

IV장
맺음말

한민족의 연혁

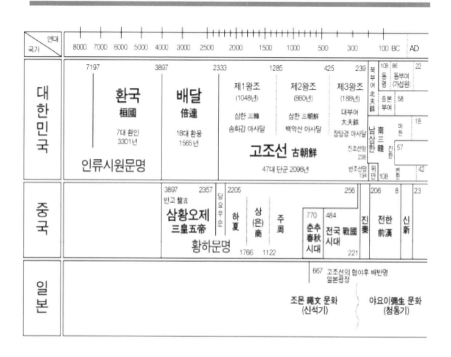

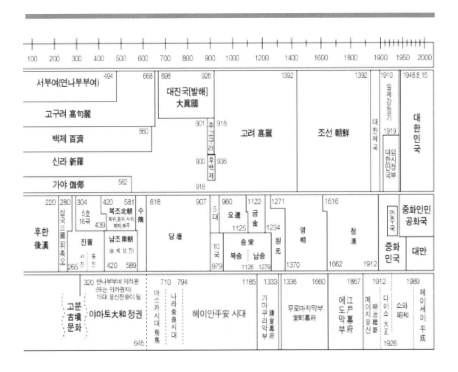

| | 100 | 200 | 300 | 400 | 500 | 600 | 700 | 800 | 900 | 1000 | 1200 | 1400 | 1600 | 1800 | 1900 | 1950 | 2000 |

1열

서부여(연나부부여) 494	668	698 대진국[발해] 大眞國 926	1392	1392	1910 일제강점기 1919	1948.8.15
고구려 高句麗		901 후고구려 918	고려 高麗	조선 朝鮮	대한제국	대한민국
백제 百濟 660		900 후백제 936			1919 대한민국임시정부	
신라 新羅		918				
가야 伽倻 562						

2열

| 220 후한 後漢 265 | 280 삼국三國(위촉오) | 304 5호16국 439 | 진晉 서진 동진 | 420 남조南朝(송제양진) 북조北朝(북위,동위,서위,북제,북주) 581 | 수隋 618 | 907 | 당唐 | 5대 10국 979 | 960 요遼 1125 북송 1126 송宋 남송 1279 | 1122 금金 1234 | 1271 원元 1370 | 1616 명明 청淸 1662 1912 | 민주국 | 중화인민공화국 중화민국 대만 |

3열

| 고분古墳문화 | 320 연나부부여 의려왕(또는 의라왕자) 15대 응신천왕이됨 아마토大和 정권 645 | 710 아스카시대飛鳥 794 나라시대奈良 | 1185 헤이안平安 시대 1333 가마쿠라막부 鎌倉幕府 | 1336 무로마치막부 室町幕府 1660 | 1867 에도막부 江戸幕府 | 1912 메이지유신 明治維新 다이쇼 大正 1926 쇼와 昭和 | 1989 헤이세이 平成 |

한민족
전통사상 속의
홍익인간

1. 홍익인간 이념에 관한 문헌(文獻)검토

1) 발해국(渤海國)시대 대야발(大野勃)의 삼일신고(三一神誥)

　삼일신고는 "①태백일사본(太白逸史本)·②발해(渤海)석실본(石室本)·③고경각(古經閣)신사기본(神事記本)"이 있다. 역사의 험난한 수난 시기를 거치면서 많은 사료가 손실되어 정확한 사료를 찾아 체계적으로 밝혀내기 어려운 상황이다.

　첫째, "태백일사본"은 천보산(天寶山)의 태소암본(太素庵本)에 기원을 두고 있기에 태소암본(太素庵本)이라고도 한다. 고려 말 행촌(杏村) 이암(李嵓)은 천보산에 놀러 갔다가 태소암(太素庵)에서 고서(古書)를 얻게 되었다. 행촌 이암이 소장하고 있던 삼일신고는 후손에게 전해졌고, 1520년에 이맥(李陌)이 태백일사를 편술하면서 소장본을 소도경전본훈(蘇塗經典本訓)에 싣게 된 것이다.

　둘째, "발해 석실본"은 발해국 제3대 문왕(文王)이 백두산 석실에 봉장(封藏)한 신고(神誥)를 말한다. "발해 석실본"에는 서기 715년 발해 왕 대조영(大祚榮)이 어제삼일신고찬(御製三一神誥贊)을 짓고, 대조영의 아우 대야발(大野勃)이 고왕(高王)의 명을 받아 서문(序文)을 지었다. 삼일신고(三一神誥)는 발해(渤海)시대 대야발(大野勃)이 저술한 저서이다.

　셋째, "고경각(古經閣) 신사기본(神事記本)"은 대종교 홍암(弘巖) 나철(羅

喆)이 도인(道人) 백봉(白峰)에게 받았다. 신사기본(神事記本)은 어느 때 누가 작성했는지를 모르지만, 조화기(造化記), 교화기(敎化記), 치화기(治化記) 세 편으로 구성되어 있다. 바로 '교화기'에 삼일신고의 전문이 들어 있는데, 발해의 석실본과 크게 다르지 않다. "발해 석실본"도 홍암 나철이 가지고 있다.

삼일신고 본문 뒤에는 고구려 개국공신인 마의극재사(麻衣克再思)의 "삼일신고독법(三一神誥讀法)"이 있고, 발해 문적원감(文籍院監) 임아상(任雅相)이 여기에 주해(註解)를 달았다. 끝에는 발해국 문왕(文王)의 "삼일신고봉장기(三一神誥奉藏記)"가 있다. 삼일신고봉장기는 발해 대조영(大祚榮)의 손자 대흠무(大欽茂)가 후대에 영원히 전수될 수 있도록 태백산 보본단(報本壇) 돌집 속에 보관하였다.

삼일신고 목차

	삼일신고 서문	대조영의 아우 대야발(大野勃)은 고왕(高王)의 명을 받아 서문(序文)을 지었다.
제1장	하늘 [천(天)]	하늘[천(天)] 편에는 환웅이 오가(五加)에게 하늘에 대한 가르침을 설하는 내용이 담겨 있다.
제2장	일신(一神)	일신(一神)편에는 천지인(天地人)의 신(神)으로서 일신(一神)이며, 삼일신(三一神)이다.
제3장	천궁(天宮)	천궁(天宮)편에는 하늘을 신국(神國)이라고 하고, 천궁(天宮)에 일신(一神)이 머물 수 있는 자리이다.
제4장	세계(世界)	세계(世界)편에는 태양계의 운행과 지구의 형성 과정을 담고 있다.
제5장	인물(人物)	인물(人物)편에는 사람과 만물이 다 같이 근원적 일자(一者)인 하나[일(一)]에서 나왔다.

2) 고구려시대 을파소(乙巴素)의 참전계경(參佺戒經)

참전계경(參佺戒經)은 백성을 교화하기 위한 기본 경전으로 배달국시대 때 신지(神誌) 혁덕(赫德)이 5사[곡(穀)·명(命)·형(形)·병(病)·선악(善惡)]와 8훈[성(誠)·신(信)·애(愛)·제(濟)·화(禍)·복(福)·보(報)·응(應)]을 중심으로 366사(事)의 지혜로 편성된 내용을 고구려 국상(國相) 을파소(乙巴素)가 다시 정리하여 완성된 것이다.

참전계경(參佺戒經)은 재세이화(在世理化)·홍익인간(弘益人間)을 구현하는 방법을 제시한 것이다. 천지인(天地人) 혼원일기(混元一氣)의 조화(造化) 기운과 하나가 됨으로써 진실로 우주 만물의 근본이 하나임을 깨우치고, 밝은 우주의 마음을 알고 내 마음을 밝혀야 한다는 인중천지일(人中天地一)·성통공완(性通功完)의 이치에 따라 실천할 수 있는 구체적인 길을 알려주고 있다.

참전계경 목차

제1강령	성(誠)	성(誠)이란 마음속 깊은 곳에서 우러나오는 것으로, 타고난 참 본성을 지킬 가르침을 54가지 방법으로 표현.
제2강령	신(信)	신(信)이란 사람의 일도 우주 이치와 부합되게 이루어지게 하는 가르침을 41가지 방법으로 표현.
제3강령	애(愛)	애(愛)란 자애로운 마음에서 자연히 우러나는 것으로서 어진 성품의 근본 바탕의 가르침을 50가지 방법으로 표현.
제4강령	제(濟)	제(濟)란 덕(德)을 갖춘 선(善)으로 도(道)에 힘입어 사람에게 그 힘이 미치게 되는 가르침을 37가지 방법으로 표현.
제5강령	화(禍)	화(禍)란 악(惡)하고, 탁(濁)하고, 박(薄)한 생각과 행동의 결과로 화(禍)를 불러들인다는 가르침을 49가지 방법으로 표현.

제6강령	복(福)	복(福)이란 착함으로 받게 되는 경사라는 가르침을 52가지 방법으로 표현.
제7강령	보(報)	보(報)란 하늘이 악한 사람에게는 앙화(殃禍)로 갚고, 착한 사람에게는 복으로 갚는다는 가르침을 37가지 방법으로 표현.
제8강령	응(應)	응(應)이란 악(惡)한 일은 앙화(殃禍)로 응징받고, 선(善)은 복(福)으로 받는다는 가르침을 46가지 방법으로 표현.

3) 신라시대 박제상(朴堤上)의 부도지(符都誌)

부도지(符都誌)는 신라 19대 눌지왕(訥祗王) 때, 충렬공(忠烈公) 박제상(朴堤上)이 당시 열람할 수 있었던 자료와 가문에서 전해져 내려오던 자료들을 정리하여 저술한 책이다. 부도(符都)라는 말은 하늘의 뜻에 부합하는 나라, 곧 단군의 나라를 말한다. 부도지는 징심록(澄心錄) 내용 중 일부분으로 한민족의 기원과 분화, 이동 경로, 환국 고대 문화와 철학사상의 원형을 담고 있는 가장 오래된 역사서이다.

훗날 박제상의 아들 백결(百結)이 금척지(金尺誌)를, 매월당(梅月堂) 김시습(金時習)은 "징심록 추기"를 써서 모두 17편으로 된 책이다. 지금의 부도지는 원문이 아니다. 함경도에 살던 박금(朴錦)은 해방 이후 월남할 때 함경도 문천군에 있는 학원(學院)에 부도지를 남겨두고 내려왔다. 부도지를 두고 온 것이 후회스러워 박금은 기억을 되살려 부도지를 되살려냈지만, 징심록 15지(誌) 중에서 12지(誌) 뿐이다.

징심록 목차

상교 上敎	부도지(符都誌)	'마고, 한인, 한웅, 단군'의 역사를 기록, 징심록 전체 줄기를 요약.
	음신지(音信誌)	율려 등에 대한 설명서로 탄생 수리(數理)의 의미가 담겨 있음.
	역시지(曆時誌)	하늘의 역법을 설명한 책. 역법 달력에 관한 책.
	천웅지(天雄誌)	하늘 세계의 계보 및 역사를 세부 설명한 책 [화랑도의 근원].
	성신지(星辰誌)	하늘의 별자리를 설명한 책.
중교 中敎	사해지(四海誌)	지리에 관하여 설명한 책. 영토에 관한 책.
	계불지(禊祓誌)	수계제불(修禊除祓) 즉 수련방법을 설명한 책. 제례의식 포함.
	물명지(物名誌)	세상 만물의 이치를 설명한 책. 동식물에 관한 기록 포함.
	가악지(歌樂誌)	하늘, 땅을 소리로 표현하는 방법으로 설명된 책.
	의약지(醫藥誌)	인간 몸을 원초적 상태로 돌리는 방법을 설명한 책.
하교 下敎	농상지(農桑誌)	농사짓고 양잠하는 방법을 자세히 설명한 책.
	도인지(陶人誌)	하늘에 천제를 지낼 사용되는 제기 제작 방법을 설명한 책.
	?	
	?	
	?	

부도지 목차

4) 고려시대 일연(一然)의 삼국유사(三國遺事)

삼국유사(三國遺事)는 고려 25대 충렬왕(忠烈王) 때, 불승(佛僧) 일연(一然)이 지은 역사서이다. 삼국유사에는 신라, 고구려, 백제의 역사 외에도 단군(檀君)의 사적(史蹟)·신화·전설·설화·향가(鄕歌) 등이 풍부히 수록된 역사서이다. 삼국유사와 같이 삼국시대를 다룬 역사서는 '삼국사기(三國史記)'가 있다.

삼국유사는 한국 고대의 역사·지리·문학·종교·언어·민속·사상·미술·고고학 등 문화유산의 원천적 보고로 평가받고 있다. 내용으로 구분해 보면 상·하 양 권으로 구분되기도 하는데, 역사 사실을 주로 다룬 1, 2권은 상권으로, 불교 사실을 주로 다룬 3, 4, 5권은 하권으로 구분하였다.

삼국유사는 삼국의 역사를 다룬 역사책이 아니다. 그렇다고 불교사 전반을 다루고 있지도 않다. 유사(遺事)라는 단어에서 느낄 수 있듯이, 삼국사기에서 역사 내용이 빠졌거나 간과된 내용의 특징을 두드러지게 표현했다. 특히 책에 수록된 내용은 고대 역사를 이해하는 데에 큰 도움이 된다고 본다.

삼국유사 목차

상권	1권	왕력(王曆)	왕들의 행적이 기록되어 있다.
	2권	기이(紀異)	왕들의 행적이 기록되어 있다.
하권	3권	흥법(興法)	불교를 전해준 전래의 유래와 고승의 행적이 기록되어 있다.
	4권	탑상(塔像)	사기·탑·불상 등의 유래에 관한 내용이 기록되어 있다.
	5권	의해(義解)	고승들의 행적이 기록되어 있다.
	6권	신주(神呪)	이승들의 전기가 기록되어 있다.
	7권	감통(感通)	영험·감응의 기록들이 담겨 있다.
	8권	피은(避隱)	덕행을 닦는 승려·신도들의 생활에 관한 내용이 담겨 있다.
	9권	효선(孝善)	효행의 미담에 관한 기록늘이 남겨 있다.

5) 조선시대 북애(北崖)의 규원사화(揆園史話)

규원사화(揆園史話)는 조선 19대 왕 숙종(肅宗) 2년[1675년]에 북애(北崖: 필명)가 지은 역사서이다. 저자의 본명은 이증(李增)으로 이색(李穡)의 7세손이다. 당시 그의 자서(自序)에서 과거에 급제하지 못하고 실의에 빠져 전국 각지를 떠돌다, 우리의 잃어버린 상고사에 관심을 가지고 저술하게 되었다고 밝히고 있다. 규원사화는 고려 말 공민왕 때 이명(李茗)이 지은 진역유기(震域遺記)와 중국 사서(史書)를 참고하여 단군 고사의 자료를 수집·정리하여 저술한 내용이다.

저자 북애는 고대사 40여 권을 참고하여 우리 역사를 어떻게 인식하고 이해할지를 명확히 밝혀 놓았다. 그런데 당시 중국의 문물을 흠모하며 따르던 시대였기에 규원사화를 집필하려면 목숨을 걸지 않으면 할 수 없는 일이었을 것이다. 그런데도 저자 북애는 규원사화 서문에 "아침에 도를 듣고 저녁에 죽는다"해도 좋다는 말을 들었다며 이 글을 쓰는 자신의 마음이 오직 이 말과 같을 뿐이라고 밝히며, 만약에 내가 장수할 수 있다면 이 역사를 완성하게 되었을 것이라는 아쉬움을 표현했다.

규원사화 목차

조판기	환인(桓因)이 천지를 개창(開創)하고, 환웅(桓雄)이 나라를 다스리는 내용.
태시기	백성들을 위해 노력하는 환웅(桓雄)들의 자취를 담고 있는 내용.
단군기	왕검(王儉)으로부터 시작하여 47대의 왕명과 재위 기간·치적에 대한 내용.
만설	사대주의를 통렬히 비판하면서, 부강한 나라가 되기 위한 조건을 제시.

6) 일제강점기 계연수(桂延壽)의 환단고기(桓檀古記)

환단고기의 최초 편집 작업은 이기(李沂)가 시작하였다고 보인다. 이기(李沂)는 자신의 가문에 소장된 역사서들이 유실되지 않도록 역사서를 묶어 편찬하기 위해 제자들을 모아 1909년 3월에 단학회(檀學會)를 창단하고 편집 작업을 시작하였으나, 1909년 7월 이기(李沂)가 자진 순국함으로써 태백일사의 필사 및 감수를 못 마치고, 1910년 나라가 망하자 환단고기 편찬 작업이 무산되었다.

계연수는 스승 이기(李沂)가 사망하자, 1910년 스승이 갖고 있던 모든 역사서와 이기(李沂)의 감수가 되어있는 등사본을 가지고 묘향산 굴 속으로 들어가, 안함로(安含老)의 삼성기전상편(三聖紀全上篇)·원동중(元董仲)의 삼성기전하편(三聖紀全下篇)·이암(李嵒)의 단군세기(檀君世紀)·범장(范樟)의 북부여기(北扶餘紀)·이맥(李陌)의 태백일사(太白逸史) 등 5권을 한 권으로 엮어서 편집(編輯)한 후 스승 이기(李沂)가 감수한 것으로 하여 출판된 역사서이다.

일제강점기 때 이유립(李裕岦)은 독립운동가 이관집(李觀楫)의 넷째 아들로 태어났다. 이유립은 부친 이관집과 친분이 있던 계연수로부터 역사에 눈을 뜨게 된다. 그리고 이유립이 13세 되던 해에 민족학교 배달의숙에 들어가 계연수·최시흥·오동진 들로부터 환단고기 등 역사 공부를 하게 됐다.

이유립은 월남하여 공주 친척 집에 머물다가 1963년 대전시 은행동에 정착하였고, 그해 11월에 단학회(檀學會)를 단단학회(檀檀學會)로 개칭한 이후 후학을 기르며 역사 연구와 강연에 전념하였다. 그중에 오형기(吳炯基)는 이유립이 소장하고 있던 환단고기를 빌려 가서 필사하였다.

이유립이 1976년 의정부로 올라가 왕성하게 활동하던 중, 백내장 수술 차 5일간 집을 비운 사이 집 주인이 야반도주한 줄로 알고 밀린 집세 대신으로 이유립의 책들을 모두 팔아 버린 것이다. 이유립이 자신의 생명만큼 소중히 여기던 환단고기 초간본도 같이 팔아 버린 것이다.

다행히 오형기의 환단고기 필사본이 있었기에 그 맥이 끊어지지 않게 되었다. 그런데 이유립의 문하생 조병윤(趙炳允)이 이유립의 승낙도 없이 오형기의 필사본으로 서울에 있는 광오이해사 출판사에서 1979년 100부를 출판하였다. 이유립은 사태 수습 차원에서 오탈자를 바로잡고 배달의숙을 발행인으로 하여 1983년 100부를 발간하였다.

환단고기 목차

삼성기전 상편 (三聖紀全上篇)	삼성기전 상편의 저자 안함로는 신라 27대 진평왕(眞平王) 때 도통한 승려로 신라의 대표적인 인물인 십성(十聖) 가운데 한 사람이다. 안함로는 인류의 시원 국가인 환국에서 배달국, 고조선, 북부여, 고구려와 신라에 이르는 한민족사의 맥을 압축하여 기록하고 있다.
삼성기전 하편 (三聖紀全下篇)	삼성기전 하편의 저자 원동중의 자취는 자세히 알려진 내용이 없다. 다만 7대 왕 세조(世祖)가 팔도 관찰사에게 수거하도록 한 도서 목록에 안함로와 함께 기록되어 있는 것으로 보아 세조시대 이전의 인물임이 분명하다.
단군세기 (檀君世紀)	단군세기 저자 이암은 10세 때 강화도 마리산 보제사(普濟寺)에 들어가 유가 경전과 우리 고대사를 탐독하였다고 한다. 그리고 고려 31대 공민왕(恭愍王) 때 문하시중(門下侍中)을 역임하였다.

북부여기 (北扶餘紀)	북부여기 저자 범장은 조정에 출사하기 34년 전 젊은 시절[1335 년] 천보산에서 이암(李嵒), 이명(李茗)과 함께 소전(素佺)거사로 부터 많은 비서를 얻게 되었으며, 범장은 고구려의 시조 주몽의 출생에 대한 비밀을 밝혀, 북부여가 고구려로 계승되었음을 밝힌 바 있다.
태백일사 (太白逸史)	태백일사의 저자 이맥은 11대 왕 중종(中宗) 14년에 찬수관(撰 修官)이 된다. 이때 이맥은 과거에 수거된 싱고 역사서를 보고 알 게 된 사실과 귀양 시절 정리한 글들을 묶어 태백일사를 편찬하 게 되었다. 태백일사에는 한민족의 시원 문화의 3대 경전[천부 경·삼일신고·참전계경]을 기록하여 한민족의 수행문화를 밝혀 주 고 있다.

2. 자연의 모습에서 찾아낸 홍익인간 이념

선조들은 우주와 지구와 인간이 '시작과 끝'의 순환법칙에 따라 일정한 변화를 거듭하듯이, 하늘의 천기(天氣)와 땅의 지기(地氣)와 인간의 정기(精氣)도 우주의 순환과 변화의 법칙에 따라 운행되므로 인간은 하늘과 땅의 순환과 변화를 바르게 살펴 올바른 생활을 해야 한다고 알려준 것이 홍익인간 사상이다.

1) 우주의 순환 구조와 의미

신라 때 박제상(朴堤上)의 부도지(符都誌) 제4장에 "남녀가 서로 결혼하여 몇 대를 거치는 사이에 족속이 불어나 각각 삼천(三千) 사람이 되었다. 열두 사람의 시조(始祖)는 각각 성문을 지키고, 그 나머지 자손은 향상(響象)을 보고 관리하며 하늘과 땅 이치를 바르게 밝히니, 비로소 역수(曆數)가 조절되었다."라는 기록이 있다.

그리스의 철학자이자 수학자인 피타고라스(Pythagoras)는 피타고라스 정리의 증명이라는 수학적 업적을 남겼을 뿐만 아니라, 피타고라스 학파라는 단체를 만들기도 했다. 그리고 피타고라스는 수 개념에 매혹

된 나머지, 우주 전체가 수학적 알고리즘에 기초한다는 전제를 신념으로 삼기도 했다.

영국의 저명한 물리학자 스티븐 호킹(Stephen Hawking)은 1988년 자신의 저서 『시간의 역사』에서 우주에는 변치 않는 질서가 있다는 우주 본질의 내용을 밝혔다. 그의 통찰은 양자역학이나 상대성 이론에서도 인정을 받았다. 더더욱 새로운 이론들에 의해서 더욱 확실히 증명되고 강화되고 있었다.

(1) 동양에서는 오래전 우주의 순환과 변화에 대한 철학적 이론을 제시

환국 초대 환인(桓因) 안파견(安巴堅)은 천부인(天符印)을 이어받아 인간과 세상의 이치를 증명하여 밝히며 널리 밝히니, 이때부터 햇빛이 고르게 비치고, 기후가 순조로워 살아 있는 만물이 안도감을 얻게 되었으며, 인간들의 모습도 점점 본래의 모습으로 회복하게 되었다.

배달국 초대 환웅(桓雄) 거발환(居發桓)은 한 사람의 능력으로 널리 이롭게 할 수 없으므로, 마을마다 주관하는 일을 달리하여 각각 "곡식·왕명·형벌·질병·선악" 등의 360여 가지 일을 맡아보게 하며, 1년을 "365일 5시간 48분 46초"로 하는 역(易)을 만들어 천부역법(天符曆法)을 남겼다.

그리고 환웅(桓雄)께서는 너희 오가(五加)들아. 푸르고 푸른 것이 하늘이 아니며, 검고 검은 것이 하늘이 아니다. 하늘은 형상도 바탕도 없고,

시작도 끝도 없으며, 위아래 사방도 없어 텅 비어 있으나, 있지 않은 곳이 없고, 포용하지 않는 것이 없다고 밝혔다.

배달국 5세 환웅 태우의(太虞儀)의 열두 번째 아들 태호복희(太皞伏羲)는 어느 날 삼신께서 성령을 내려 주시는 꿈을 꾸고 천지 만물의 근본 이치를 환히 꿰뚫어 보게 되었다. 복희는 역도(易道)의 효시인 복희 팔괘를 그어 인류 역사상 처음으로 우주관을 체계적·조직적으로 밝혀냈다.

배달국에서는 하늘·지구·인간의 창조와 변화의 원리를 음양의 논리로 전개하였다. 현대 과학자들은 우주 공간에 산재해 있는 모든 실체가 회전운동을 하는 가운데서 발생하는 방사선의 파장이 지구를 향해 투사(投射)되고 있는 입자를 '우주선(宇宙線)'이라고 하였다.

고조선에서는 천문현상을 실측(實測)하여 기록으로 남겼고, 고구려 때는 천문 관측대가 있었고, 신라 때는 첨성대가 있어서 천문을 관측하였다. 고려 때는 고려사(高麗史) 천문지(天文志)에 일식을 비롯하여 오행성(五行星)의 운행과 객성(客星)의 출현·태양 흑점·성변(星變) 등이 관측하였다는 기록이 있다.

조선시대 4대 왕 세종(世宗) 때, 이순지(李純之)·김담(金淡)은 아라비아 역법인 회회력(回回曆)을 바탕으로 조선의 실정에 맞도록 교정하여 칠정산외편(七政算外篇)을 편찬했다. 해와 달 그리고 5개 행성[수성·금성·화성·목성·토성]의 위치를 파악(把握)하여, 절기는 물론 일식과 월식 등을 예보하는 역법 체계로 한국사에서 칠정산이 최초다.

선조들은 기원전 3898년 배달제국을 세우고 구전으로 물려 내려오던 천부인(天符印) 중에서 조화인(造化印)을 해독하여 인류 최초의 역법(曆法)을 만들었다. 당시 14세 치우천황 때 '공공(共工)·헌원(軒轅)·창힐(倉頡)·대요(大撓)' 무리가 자부(紫府) 선생에게 배울 때 윷놀이를 만들어 환역(桓易)을 자세히 설명하였다.

그리고 우주 현상계가 하늘과 지구가 상대를 이루고 있으며, 서로 주체와 객체가 되어 순환 운동을 하고 있다고 보았다. 그 운동의 기본이 1회전 운동이며, 주체인 우주가 능동적인 10천운(天運) 운동을 하고 있으며, 상대적으로 지구는 객체로서 수동적인 12지기(地氣) 운동을 하는 것이 우주 현상계라고 본 것이다.

(2) 서양에서는 우주의 순환과 변화에 대한 과학적 이론을 제시

고대 이집트에서 사용되었던 역법은 이집트력(Egyptian Calendar)이다. 현대 역법의 시초 역법으로 율리우스력(Julian Calendar)과 그레고리오력으로 이어졌다. 고대 이집트인들은 밝은 별과 태양의 위치를 1년의 기준으로 삼았다. 일 년에 단 하루만 밝은 별과 태양이 동시에 지평선에서 떠오르기 때문에, 그날을 기준으로 삼은 것이다.

이집트인들은 고왕국시대부터 장기간에 걸쳐서 일관성 있는 달력을 유지했기 때문에, 고대 이집트의 기록에 남은 사건은 몇 월 며칠에 일어났는지까지 정확하게 알 수 있다. 이집트에서 연대는 왕의 재위 몇 년으로만 표기했기 때문에 각 왕이 몇 년간 재위했는지에 논란이 있으며, 그 이전의 연도는 확정할 수 없다.

이집트력(Egyptian Calendar)은 수천 년 전에 만들어져 BC 46세기경 율리우스력이 만들어질 때까지 그 년(年)과 월(月)이 특별히 제정되지 않고 일정한 기간으로 고정된 상용력(常用曆)이었다. 1년은 30일로 된 12개월에 5일을 추가시킨 것으로 되어있는데, 이 5일은 마지막 12월에 추가했다.

율리우스력(Julian Calendar)은 고대 로마공화국 때 정치인이자 군인이었던 율리우스(Ivlivs)가 기원전 45년부터 로마력을 개정하여 로마의 달력으로 시행한 역법으로 인류 역사상 가장 오랫동안 쓰인 양력이다. 이전에 쓰였던 로마력은 일주일이 8일이었는데, 율리우스력을 기점으로 7일로 공식화되었다.

율리우스력은 1년을 12개월을 그대로 두었지만, 12개월을 홀수 월은 큰 달로 하여 31일로, 2월은 29일로, 짝수 월은 작은 달로 하여 30일로 정하고, 평년(平年)에는 365일 그리고 윤년(閏年)에는 366년으로 정하여 BC 46년 1월 1일부터 실시하였다.

율리우스가 천문학적 계산을 직접 했을 리는 없고, 당시 세계 학문의 중심지인 이집트 알렉산드리아에서 활동하던 유명한 천문학자 소시게네스(Sosigenes)의 도움을 받아 로마력을 개정한 이 역은 BC 46년 1월 1일부터 실시하였는데, 이것이 율리우스력이다. 그런데 BC 44년에는 로마력 아래 율리우스라고 이름을 바꿔 부르기로 하였다. 율리우스력은 이후 1600년 이상 사용되었다.

그레고리오(Gregorius)는 1572년 5월 13일 제226대 교황 그레고리오 13세로 취임하였다. 그리고 10년 후인 1582년 그레고리오력 (Gregorius Calendar)을 만든 교황으로 잘 알려져 있다. 그레고리오 13세 교황은 로마제국 황제 콘스탄티누스(Constantinus)재임 당시 325년의 춘분 날이 3월 21일로 되어있는데, 1582년에는 3월 11일로 옮겨졌다. 교황은 이래서는 안 되겠다 하여 개력(改曆)위원회를 조직하고 작업을 시작하였다.

교황은 니케아 회의의 결의대로 3월 21일을 춘분 날로 고정하기 위해 1582년 10월 4일[목요일]의 다음 날을 10월 16일[금요일]로 하고, 역면(曆面)에서 10일을 끊어 버렸고, 요일의 변경은 하지 않기로 하였다. 춘분 날만이라도 고정하여 두면 부활주일의 유동이 매우 줄어들 수 있다는 생각으로 율리우스력을 폐지하고 새 역법을 채택하자는 이유였다.

그리고 예수 그리스도가 부활한 날을 기념하기 위해, 춘분 날 이후 첫 번째 일요일을 부활주일로 정하였다. 가톨릭 국가들은 10일의 삭제와 윤년 횟수 조정을 포함한 이 새로운 역법을 채택했으나, 개신교 국가들은 한 세기 이상 따라 하지 않았다. 이것이 바로 오늘날까지 우리가 쓰고 있는 그레고리오역법이다.

고대 천부역법의 법칙은 매월(每月)의 일수(日數)와 요(曜)와 일(日)이 영구적으로 일치함으로 참으로 위대하고 놀라운 역법이다. 그런데 우리가 사용하고 있는 양력은 매월의 일수가 틀리며, 요(曜)와 일(日)이 맞지 않으므로, 사용이 불편하여 여러 번 역법(曆法)을 고치며 지금에 이르고 있다.

2) 지구의 창조 원리와 의미

'하나'님이 온 누리를 창조하셨다는 것을, 천부경의 문장에서도 "하늘의 본체가 첫 번째로 열리고[천일일(天一一)], 땅의 본체가 두 번째로 열리고[지일이(地一二)], 인물의 본체가 세 번째로 생겨난다[인일삼(人一三)]."라는 천지창조 과정을 구체적으로 설명하고 있다.

이에 대해 천도교 경전 천지이기(天地理氣)에서 "천지(天地)·음양(陰陽)·일월(日月)·천지만물(天地萬物)이 화생(化生)한 이치가 '한 이치 기운'의 조화가 아님이 없다"라고 밝히고 있다. 여기에서 말하는 '한 이치 기운'이곧 일신(一神)인 것이다. 일신(一神)은 시작도 끝도 없는 영원한 하나[일시무시일(一始無始一) … 일종무종일(一終無終一)]이며, 무궁한 이치와 조화 기운 자체인 것이다.

규원사화 조판기(肇判記)에 "… 한 큰 주신이 두 번째로 환웅 천황에게 명하여 크게 법력을 나타내게 하여 땅덩어리와 물가가 보이더니 비로소 땅과 바다가 정해지게 되었다. 화기(火氣)는 감춰지고 물은 움직여 만물이 번성했다. 이에 땅에서 풀과 나무가 뿌리박고, 벌레와 물고기가 날짐승이 떼를 지어 자라며 번식하게 되었다. …"라는 기록이 있다.

그리고 단군기(檀君記)에 "… 부루(夫婁)가 이미 육지와 물을 정리하였는데, 마침 하우(夏禹)가 당뇨(唐堯) 9년에 홍수를 만나 천하 제국이 모두 도산(塗山)에 모이고, 부루도 부왕인 단군의 명령을 받들어 이들을 만났다. 그리고 치우와 헌원의 싸움이 끝난 후 두 나라가 비로소 옥과 비단을 가지고 서로 만났는데 이것이 우리나라가 외국과 동맹을 맺은 시초였다."

삼일신고(三一神誥) 제4장에 "··· 너희 땅이 스스로 큰 듯이 보일 것이나, 하나의 작은 알[丸]만한 세계니라, 중심의 불덩어리가 진동하여 솟구쳐서 바다로 변하고 육지가 되어 지금의 땅덩이 형상을 갖추게 된 것이다. '하나'님이 기운을 불어넣어 바닥까지 감싸고 햇빛과 열로 따뜻하게 하여 걷고 날고 탈바꿈하고 헤엄치고 심은 온갖 것들이 번식하게 되었도다"라는 기록이 있다.

인류 최초의 홍수 이야기가 담겨있는 쑤메르(Sumer) 기록에 "지구라고 부르기 전에는 이 행성을 티아맽(Tiamat)이라고 하는데, 이 티아맽[지구]과 태양계의 12번째 행성인 니비루(Nibiru)가 태양계로 진입하면서 서로 충돌하여 티아맽[지구]이 부서지고, 그렇게 부서진 티아맽[지구]의 일부가 현재의 지구가 되고, 그 깨진 나머지 조각들이 지금의 소행성대를 이루었다"라는 기록이 있다.

이러한 기록을 입증이나 한 듯이 지구는 완전히 둥근 형태가 아닌 심하게 일그러진 모양이다. 중동과 아프리카를 중심으로 놓고 지구를 보았을 때 왼쪽 중간과 오른쪽 중간이 불쑥 튀어나온 모양이며, 태평양 쪽이 함몰된 형태로 마치 울퉁불퉁한 타원형 형태로 되어있다. 서로 충돌하여 부서진 것처럼 보인다는 것이다

지구과학자들은 지구를 구성하고 있는 자연환경의 특징과 진화과정을 연구하는 자연과학의 한 분야를 지구과학(Earth sciences)이라고 밝혔다. 참고로 우주도 지구 환경에 영향을 미치는 요소들이 있어 지구과학 연구 분야로 다루기도 한다. 지구 환경의 원리는 물리학과 많이 응용되고, 그 환경을 구성하는 결과적 요소들은 화학, 생물학 분야의 지식이

많이 응용되고 있다.

지구과학자들은 지구는 태양에서 세 번째로 가까운 행성이며, 인류가 사는 천체(天體)로 자전 주기는 약 24시간, 공전 주기는 약 365일이다. 그리고 극 반지름은 약 6,367㎞, 적도 반지름은 약 6,378㎞로 타원체(楕圓體)를 이루고 있으며, 지각(地殼)·맨틀(mantle)·지핵(地核)으로 이루어져 있으면서 표면적은 약 5억 2천만㎢이며, 70%가 바다라고 밝힌 바 있다.

독일 기상학자 베게너(Wegener)가 주장한 '대륙 이동설'과 미국 지구물리학자 헤스(H. Hess)에 의해 제안된 '해저확장설'을 통합한 판구조론(Plate Tectonics)에 따르면, 지구의 암석권은 유라시아판·인도판·태평양판·북아메리카판·남아메리카판·남극판 등 그 두께가 약 100㎞인 10여 개의 지판(地板)으로 나누어져 있고, 이 판들은 그 하부 연약권에서 일어나는 맨틀 대류에 의하여 부딪치거나 밀고, 때로는 서로 포개지면서 경계부에서 지진이나 화산폭발 등 지각변동이 일어나며, 각각 매년 수 cm 정도 속도로 끊임없이 지구 모습을 변화시켜 간다는 것이다.

3) 인간의 존재 원리와 의미

천부경 내용 중에 "스스로 다스려지는 그것을 우주심(宇宙心)이라 하는데, 태양을 이고 사는 생명체 중에 인간만이 이러한 진리를 깨칠 수 있다[본심본태양앙명인중천지일(本心本太陽昂明人中天地一)]"라는 내용이 있다. 이 내용을 풀이한 내용이 삼일신고(三一神誥) '제5장 인물'에 있다.

삼일신고는 배달국에서 인간완성을 위해서 필수적으로 알아야 할 수행의 기본 지침서이자 삼위일체(三位一體)에 대한 가르침이다. 이 지침서는 원래 녹도문(鹿圖文)으로 기록되어 있으나, 신지(神誌)가 기록한 고문(古文)과 왕수긍(王受兢)이 번역한 은문(殷文) 모두 없어졌다.

지금 우리가 알고 있는 삼일신고 내용은 고구려가 멸망할 때 국서고(國書庫)를 불태워지면서 한민족의 정신과 역사서가 사라지는 것을 보고, 발해 때 대조영(大祚榮)이 동생 대야발(大野勃)을 시켜 단기고사(檀紀古史)를 쓰게 하고 삼일신고(三一神誥) 찬문(撰文)을 짓고 서문(序文)을 쓰게 했다.

그리고 발해 3세 문왕(文王)이 영보각(靈寶閣)에 두었던 진본(眞本)을 고구려 개국공신 마의극재사(麻衣克再思)가 지은 삼일신고독법(三一神誥讀法)이 있고, 특히 발해국 문왕(文王)의 '삼일신고봉장기(三一神誥奉藏記)'가 붙어있다. 이와 함께 문왕이 삼일신고가 전해지는 경위와 유실(遺失)되지 않게 노력한 경위가 실려 있다.

이렇게 숨겨진 지 1300여 년이 지나서, 백두산에서 10년간 수련을 마친 백봉선사(白峯禪師)가 석실에 삼일신고 등 고서를 찾아낸 다음, 대종교로 전하여진 경위는 백봉선사(白峯禪師) 등 32인이 1904년 10월 3일에 발표했다는 '단군교포명서(檀君敎佈明書)'에 담겨 있다.

선조들은 삼일신고에서 "허공(虛空)은 하늘의 본질이고, 일신(一神)은 하늘의 주재자이고, 천궁(天宮)은 하늘의 조화가 갖추어진 곳이고, 세계(世界)는 만세의 인물이 출현하는 큰 저자거리이고, 인물(人物)은 우주 삼계에서 가장 존귀한 존재이다"라고 밝히고 있다. 여기에서 인물이 갖추어야 할 덕목을 살펴보기로 한다.

삼일신고 제5장 인물 편에 "사람은 삼진(三眞: 성품[성(性)]·목숨[명(命)]·정기[정(精)])을 부여받았으나, 삶 속에서 미혹되어 삼망(三妄: 마음[심(心)]·기운[기(氣)]·몸[신(身)])이 뿌리를 내리고, 이 삼망이 삼진과 서로 작용하여 삼도(三途: 느낌[감(感)]·호흡[식(息)]·촉감[촉(觸)])의 변화 작용을 한다.

삼진(三眞) 중 참된 성품(性品)은 선하여 악함이 없으니 본성 자리에 통하고, 참 목숨[命]은 맑아 흐림이 없고, 참 정기(精氣)는 후덕하여 천박함이 없다. 이 삼진을 잘 닦아 본연의 모습으로 돌아갈 때 조화 세계에 들어갈 수 있다.

삼망(三妄) 중 마음[심(心)]은 타고난 성품에 뿌리를 두어 선(善)과 악(惡)이 있고, 기(氣)는 타고난 삼신의 영원한 생명에 뿌리를 두어 맑음과 청탁함이 있고, 몸[身]은 정기에 뿌리를 두고 후덕함과 천박함이 있다.

삼도(三途) 중 느낌[감(感)]에는 기쁨·두려움·슬픔·노여움과 탐욕·싫어함이 있고, 호흡[식(息)]에는 향내·숯내·차가움·더움·마름·젖음이 있고, 촉감[촉(觸)]에는 소리·빛깔·냄새·맛·음탕함·살 닿음이 있다.

	삼진 (三眞)	삼망 (三忘)		삼도 (三途)	수행 방법	수행 결과
조화 (造化)	성 (性)	심 (心)	선심 (善心)	감(感:느낌): 희(喜:기쁨)·구(懼:두려움) 애(哀:슬픔)·노(怒:노여움) 탐(貪:탐욕)·염(厭, 싫어함).	지감 (止感)	심평 (心平)
			악심 (惡心)			
교화 (敎化)	명 (命)	기 (氣)	청기 (淸氣)	식(息:호흡): 분(芬:향내)·란(蘭:숯내) 한(寒:차가움)·열(熱:더움) 진(震:마름)·습(濕, 젖음).	조식 (調息)	기화 (氣化)
			탁기 (濁氣)			
치화 (治化)	정 (精)	신 (身)	후신 (厚身)	촉(觸:촉감): 성(聲:소리)·색(色:빛깔) 취(臭:냄새)·미(味:맛) 음(淫:음탕함)·저(抵:살 닿음).	금촉 (禁觸)	신강 (身康)
			박신 (薄身)			

　그래서 선조들은 감정을 절제하고, 호흡을 고르게 하며, 촉감과 자극을 억제하여, 오직 한뜻으로 매사를 행하고, 심기신(心氣身)을 바로 잡아야 비로소 자신 속에 깃들어 있는 기운을 발현시켜야 공덕을 완수할 수 있다고 밝힌 것이다. 어떤 방법으로 수련을 해야 하는지 살펴보고자 한다.

3. 홍익인간 이념 구현을 위한 인간완성

환국 → 배달국 → 고조선 → 부여 → '고구려·신라·백제' → 고려 → 조선시대까지 왕(王)들은 백성을 교화시키기 위해 제천의식을 주관했다. 왕들은 스스로 금욕적 수행을 통해 자신과 종통(宗通)을 바르게 세워 천부경·삼일신고·참전계경의 가르침으로 사람들을 교화하여, 국난이 있을 때마다 단결할 수 있게 했다.

선조들이 만물의 존재 원리를 "세상에 머물 수 있다는 것, 그것은 살아 있다는 것이며, 하늘로 돌아간다는 것은 죽었다는 것이다. 그러므로 죽음이 있으면 반드시 생명이 있고, 생명이 있으면 반드시 성명(性命)이 있고, 성명이 있으면 반드시 말이 있고, 말에는 반드시 행동이 따른다" 라고 하였다.

이 말씀을 태양의 운행에 비유해 보면, 밤의 어둠이 있으면 반드시 낮의 밝음이 뒤따르고, 낮의 밝음이 비추게 되면 반드시 만물을 볼 수 있고, 만물을 볼 수 있으면 반드시 어떤 일을 하게 되고, 일하게 되면 반드시 어떤 결과를 이루게 된다는 것이다. 어떤 결과를 이루게 된다는 것은 '좋고 나쁨'이 가려진다는 것이다.

삼일신고 제5장 인물 편에서 "하나님의 형상대로 사람이 창조되었다"라고 밝힌 이유는 하나님의 형상이라고 함은 물질적인 형상이 아니라, 참 본성을 말하는 것이다. 그래서 사람에게 주어진 성품과 목숨과 정기를 잘 다스려 공덕을 완수해야 한다고 강조하신 것이다.

인간은 보이는 것과 보이지 않는 것으로 구성되어 있다. 보이는 것에는 몸, 즉 피부와 살과 내장, 뼈와 세포가 있고, 보이지 않는 것에는 '기와 마음'이 있다. 이 '기와 마음'은 보이지도 않고 형체와 크기와 냄새와 색깔도 없는데 엄연히 존재한다. 보이지 않지만 '기'의 작용으로 몸과 마음이 행동으로 표현되는 것이다.

그래서 선조들이 말하기를 모든 사람은 마음의 선악과 기운의 청탁과 몸의 후덕함과 천박함이 서로 뒤섞인 경계의 길을 따라 나고 자라고 늙고 병들고 죽는 고통에 떨어진다며, 감정을 절제하고[止感] 호흡을 고르게 하고[調息] 촉감과 자극을 억제하여[禁觸] 맑은 성품을 깨닫고 그 공덕을 완수[性通功完]하라고 한 것이다.

중국 고사에 진나라 때 군사를 실은 배가 잠시 정박하였다. 이때 군사 한 명이 원숭이 새끼 한 마리를 붙잡아 실었다. 배가 떠나자 어미 원숭이는 배를 쫓아 100여 리를 따라갔다. 배가 부두에 정박하자 어미 원숭이는 서슴없이 배에 오르자마자 죽었다. 어미 원숭이의 배를 갈라보니 창자가 토막토막 끊어져 있었다고 한다.

사람들은 화가 머리끝까지 치밀어 오른다는 말을 자주 한다. 그런 이유는 심장의 불기운이 올라가면 상대적으로 신장의 물기운이 줄어들어 화가 머리에 오래 머물게 되면 뇌의 부작용으로 질병이 발생하게 되어 있다. 그래서 선조들이 수승화강(水乘火降)으로 다스리라고 하였다. 물은 올리고 화는 내리라는 뜻이다.

사람들에게도 울분이 생기게 되어있다. 그 울분은 어디에서 오는 것일까? 사람들은 없어서 불평하기보다는, 공평하지 않아 불평하게 된다. 배가 고파서 불평하는 것보다는, 빼앗겼다고 느끼기에 불평을 하게 된다. 인간은 배가 불러도 사냥을 하기 때문이다. 그래서 선조들이 이(利)를 보면 먼저 도리(道理)를 생각하라고 했다.

   우리가 생(生)의 목적을 어디에 두느냐에 따라 삶의 가치가 결정된다. '삶의 존재가치·인간의 가치'에서 인간의 존엄성이 나오고, 인간의 존엄성에서 철학이 나오고, 바른 인간관계가 나온다. 그래서 "일신강충(一神降衷) 성통공완(性通功完) 재세이화(在世理化) 홍익인간(弘益人間)"을 강조한 것이다. 먼저 깨달음을 얻고 나서 함께 세상을 이롭게 하라고 한 것이다.
   삶의 목적지를 알 수 있는 사주팔자를 놓고 자동차 운행과 비교했을 때, 개인의 사주(四柱)를 자동차로, 대운(大運:10年 단위)과 세운(歲運:1년 단위)과 월운(月運)은 도로로 비유할 수 있다. '내비게이션과 심명철학'으로 자신의 자동차 용량이 어느 정도이고, 시발점에서 목적지까지 어떤 도로가 전개되느냐는 상황을 미리 알 수 있다. 여기에서 운전자가 어떤 마음으로 대처하느냐는 것은 그 사람 몫이다.

1) 마음[心] 수련

삼일신고 제5장 인물에 다음과 같이 기록하고 있다.

사람과 만물이 다 같이 세 가지 참됨[삼진(三眞)]을 받으니, 가로대 성품과 목숨과 정기이다. 사람은 이 세 가지를 온전하게 받으나, 만물은 치우치게 받는다. 참 성품은 선함도 악함도 없으니 두루 통하고, 참 목숨은 맑음도 흐림도 없으니 잘 알며, 참 정기는 두터움도 엷음도 없으니 잘 보존하니, 이 삼진으로 돌아가면 '하나'님과 하나가 된다."라는 기록이 있다.

뭇사람들은 처지에 미혹하여 세 가지 망령됨[삼망(三妄)]이 뿌리를 내리니, 가로대 "마음과 기운과 몸"이다. 마음은 성품에 의지한 것으로 '선·악'이 있으니 '선'하면 복이 되고 '악'하면 화가 되며, '기운'은 목숨에 의지한 것으로 맑음과 흐림이 있으니 맑으면 오래 살고 흐리면 일찍 죽으며, '몸'은 정기에 의지한 것으로 후박이 있으니 두터우면 귀하고 엷으면 천하다.

그리하여 "세 가지 참됨과 망령됨"이 서로 맞서 세 갈래 길[삼도(三途)]로 갈라지니 '느낌[감(感)]과 호흡[식(息)]과 부딪침[촉(觸)]'이다. 느낌[감(感)]에는 '기쁨·두려움·슬픔·성냄·탐냄·싫어함'이 있고, 호흡[식(息)]에는 '향기·썩은 기·한기·열기·마른 기·습기'가 있으며, 부딪침[촉(觸)]에는 '소리·빛·냄새·맛·음란·저촉'이 있다.

뭇 사람들은 선악과 맑음과 흐림이 뒤섞여지면서, 여러 경계 길을 따라 마음대로 나고 자라고 늙고 병들고 죽는 고통에 떨어지고 말지만, 밝은 사람은 느낌[지감(止感)]을 그치고, 호흡[조식(調息)]을 고르며, 부딪침 [금촉(禁觸)]을 금하여 한뜻으로 나아가 망령됨을 돌이켜 참됨에 이르고 마침내 크게 하늘 기운을 펴나니, 성품이 열리고 공덕을 완수하게 된다.

단군세기 서문(序文)에 "자아 인식의 중요성과 우주와 하나가 될 수 있는 수행을 하여 변치 않는 진아(眞我)를 깨달아야 한다며, 조화신(造化神)이 내 몸에 내려 나의 성품[성(性)]이 되고, 교화신(敎化神)이 내 몸에 내려 나의 목숨[명(命)]이 되며, 치화신(治化神)이 내 몸에 내려 나의 기운[정(精)]이 된다"라는 기록을 남겼다.

단군 3세 가륵(嘉勒)이 "천하 대본(大本)은 내 마음의 '중도일심(中道一心)자리'에 있다며, 사람이 일심(一心)의 중(中)자리를 잃으면 어떤 일도 성취할 수 없고, 만물이 중도일심을 잃으면 그 몸이 넘어지고 엎어진다."라고 밝히며, 중도일심(中道一心)을 강조한 바 있다.

그래서 선조들은 "공부에 앞서 먼저 인간이 되자"라고 말한 것이다. 인간이 되자는 말은 마음공부를 먼저 하자는 것이다. 마음공부란 어떻게 하는 것일까? 그렇다 "인간의 도리를, 자연의 이치를, 사욕편정을 버리고 더불어 사는 지혜"를 깨우치는 공부이다. 깨우침이란 아하! 그렇구나! 하고 스스로 "터득(攄得)하고, 관(觀)을 만들고, 잣대를 만드는 것"을 말한다.

마음은 그 사람의 주체이다. 천심으로부터 이어받은 인심(人心)이다. 사람의 존재가 하늘의 뜻을 대역하고 있다고 보는 것이다. 그런데 누구나 마음을 가지고 있으면서도 마음이 무엇이냐고 물었을 때 답변할 수 있는 사람은 거의 없고, 사람에 따라서는 마음이 주체적인 역할을 하지 못하고 있다.

조선 제14대 왕 선조(宣祖) 때 이황(李滉)이 임금에게 군왕의 도(道)에 관한 학문의 요체를 도표(圖表)로 설명한 진성학십도차병도(進聖學十圖箚幷圖)를 보냈다. 내용 중에 제6도 심통성정도(心統性情圖)에서 인간의 기본적인 성정(性情)에 대해 구체적으로 설명하였다.

목(木) 기운을 받아서 인(仁)이라는 사랑의 이치를 갖추고, 화(火) 기운을 받아서 예(禮)라는 공경하는 이치를 갖추고, 금(金) 기운을 받아서 의(義)라는 마땅함의 이치를 갖추고, 수(水) 기운을 받아서 지(智)라는 구별의 이치를 갖추고, 토(土) 기운을 받아 신(信)이라는 참됨의 이치를 갖추고, 각각 타고 난 사람의 성정(性情)을 알 수 있게 되어있다.

최봉수(崔鳳秀) 박사는 자신의 저서 "천심(天心)의 심명철학(心命哲學)"에서 육체에 배속되어있는 혼(魂)·백(魄)·의(意)·신(神)·정(精)이 있어, 혼(魂)은 목(木)의 인(仁)으로 측은지심(惻隱之心)이, 백(魄)은 금(金)의 의(義)로 수오지심(羞惡之心)이, 의(意)는 토(土)의 신(信)으로 성실지심(誠實之心)이, 신(神)은 화(火)의 예(禮)로 사양지심(辭讓之心)이, 정(精)은 수(水)의 지(智)로 시비지심(是非之心)이 수시로 심리와 행동으로 생활하게 되어있다고 밝혔다.

즉 마음은 그 사람의 주체이면서 천심으로부터 이어받은 인심(人心)이다. 그래서 우주 변화에 따라 사람의 마음도 변화가 생긴다. 마음[心]은

법(法)과 성(性)으로 나누어지면서, 법(法)은 이(理)와 수(數)로, 성(性)은 운(運)과 기(氣)로 분화되어 변화의 세계를 이루고 있다.

법(法)의 이(理)는 구심과 좌표를 유지하는 사물 주체의 통일을 담당하고, 법(法)의 수(數)는 회전운동의 속도와 거리 그리고 운동의 회수와 향방과 궤도 등 법칙과 척도를 통섭하고 있다. 성(性)의 운(運)에 의한 운동과 향방은 사물의 상대성 원리에서 이루어지는 작용하고, 성(性)의 기(氣)는 사물이 운동하면서 발생하는 정기(正氣)의 파장과 그 작용을 관장하고 있다.

마음공부 없이 몸 운동만 하는 것은 목적지가 없는 항해와 같은 것이다. 그래서 바른 마음[正心]·바른 깨우침[正覺]·바른 행동[正行]이라는 목표를 정해야 한다. 먼저 마음을 바로 가져야 한다. 마음이 삐딱하면 세상이 삐딱하게 보이는 법이다. 다음은 사욕편정(邪慾偏情)에 빠지지 않는 깨우침을 얻어야 한다. 사특한 생각이 일면 분심잡념(忿心雜念)이 꼬리를 물기 때문이다. 마지막으로 인간의 도리에 어긋나지 않는 행동을 해야 한다.

몸은 거짓말을 하지 않는다. 그러나 마음은 거짓말을 한다. 그래서 마음은 속일 수 있어도 몸은 속일 수 없다고 말하는 것이다. 우리는 마음을 볼 수 없다. 그러나 그 사람의 자세나 태도를 보면 마음을 유추해 볼 수 있다. 자세는 무의식적으로 작용하는 생리적인 몸의 동작으로 습관이 지배한다. 그리고 태도는 행위자의 의지가 의식적으로 작용하는 정신적인 동작이다.

그렇다면 태도 변화는 어떤 때 일어나는 것일까? 어려서부터 큰 사람이 되겠다고 다짐하는 사람은 큰 사람이 된다. 반면에 생각 없이 지낸 사람은 평범한 사내에 머물고 만다. 세상만사 마음먹기에 달렸다는 것이다. 즉 심기혈정(心氣血精)이 작용한다는 것이다. 바른 마음[心]에서 기운[氣]의 성질이 결정되고 기에 의해 혈(血)의 성질이 결정되고, 혈에 의해 정(精)의 성질이 만들어진다는 것이다.

그래서 사람들이 마음을 다스리기 위해 명상을 하게 된다. 명상이란 생각과 잡념을 완전히 끊어진 상태를 말한다. 이렇게 머리가 비어버린 느낌이 드는 상태에서 참 명상이 시작된다. 명상이 더 깊어지면 뇌의 기능들이 활성화되면서 머리가 맑아진다. 이처럼 더 효과적인 명상이 될 수 있게 하려면 눈을 감으라고 한다. 그리고 생각도 버리고 의식도 버리라고 하였다.

과학자들이 뇌파를 감마파(30Hz)·베타파(14~30Hz)·알파파(8~14Hz)·세타파(4~8Hz)·델타파(0.4~4Hz)로 세분하여 밝히면서 사람의 활동에 따라 뇌파가 변화된다고 밝힌 바 있다. 이러한 과학적인 근거에 관심을 가진 본 저자는 수련자들이 수련하기 전에 측정하고 나서 명상을 한 후 측정을 한 바 있다.

수련자가 명상할 때 뇌파를 측정한 결과, 명상 뇌파[알파파: 8Hz ~14Hz]가 활성 되었다. 그런데 수련자가 명상 중에 깜박하고 잠시 잠이 들면 수면 뇌파[세타파·델타파]로 떨어졌고, 수련자가 명상 도중에 옆 사람과 이야기하거나 다른 생각으로 한눈을 팔면 활동 뇌파[베타파·델타파]로 넘어갔다.

수련자들이 명상할 때 뇌파의 수치가 과학적인 방법으로 검증되었다는 것은 명상에 대한 신뢰도를 높여준 것이다. 그래서 수련자가 명상할 때 옆에서 굿을 해도 모를 정도로 집중해야 한다. 의식을 버리고 생각을 버려 무심의 경지에 들면 자연과 내가 하나로 조화되는 경지에 이른다. 이때 생명의 실체를 알게 되고, 천지 마음을 깨닫게 될 때 널리 도울수 있는 힘을 갖추게 된다.

마음을 다스리려면 어떻게 해야 할까?

태초의 사람들은 변화무쌍한 환경에서 어떻게 살아야 할지를 생각하게 되었을 것이다. 이러한 과정을 거치면서 인간이 소우주(小宇宙)라는 것을 깨닫고, 자연이 스스로 균형과 조화를 이루어내듯이, 사람도 몸과 마음을 다스려 균형과 조화를 이루어내야 한다고 생각하게 되었다. 여러 방법 가운데 하나가 선도(仙道)이다.

선도(仙道)에서 '도(道)'란 자연의 다른 말이다. 선(仙)이란 글자를 파자해 보면 '人+山'이다. 사람과 자연이 하나가 되는 방법을 알려주고 있다. 자연의 모습에서 인간이 실천해야 할 덕목을 삼륜구서(三倫九誓)로 제시하였고, 실천 방법으로 육경신(六庚申) 수련 방법을 제시하였다.

배달국에서는 나라를 지탱하기 위한 윤리와 다짐이 있었다. 삼륜(三倫)은 "임금과 신하·스승과 제자·부모와 자식" 사이의 윤리가 정립되었다. 그리고 구서(九誓)는 삼륜을 지키기 위한 9가지의 다짐이다.

삼륜(三倫)은 "군신(君臣)에게는 의충(義忠)·사도(師徒)에게는 교신(教信)·부자(父子)에게는 자효(慈孝)"이다. 군사부(君師父) 삼위일체 사상은 천지인(天地人) 사상과도 상통(相通)한다고 보았다.

구서(九誓)는 "부모에게 효도하고, 형제간에 우애에 힘쓰며, 스승과 벗에게 신의를 다하고, 나라에 충성하고, 사람들에게 겸손하며, 정사(政事)를 밝게 하고, 전쟁터에서 용감하며, 자신을 청렴하게 하고, 직무에 의리를 지켜라"이다.

경신일은 10 천간(天干)과 12 지지(地支)가 한 번씩 만나면서 60갑자(甲子)를 이루는데 57번째로 든다. '경(庚)' 자(字)는 10 천간에서 7번째다. 천간 중에서 '경' 자(字)만이 만물이 하강한다는 뜻을 포함한다. '신(申)' 자(字)는 12 지지에서 9번째다. '신' 자는 12 지지 가운데 유일하게 '경' 자의 진리와 정신을 계승하고 있다.

육경신(六庚申)이란 경신일이 일 년에 여섯 번 든다. 첫 번째 경신일은 동쪽의 기운[木]이, 두 번째 경신일은 남쪽의 기운[火]이, 세 번째 경신일은 서쪽의 기운[金]이, 네 번째 경신일은 북쪽의 기운[水]이, 다섯 번째 경신일은 중앙의 기운[土]이, 여섯 번째 경신일은 모든 기운이 쏟아져 내려온다. 이 기운을 온전히 받기 위해서 시작한 수련이 경신일에 24시간 깨어있는 수련이다.

첫 번째 경신일은 오행(五行) 중에 목(木)의 기운으로 사람의 간장과 담낭을, 두 번째 경신일은 오행(五行) 중에 화(火)의 기운으로 사람의 심장과 소장을, 세 번째 경신일은 오행(五行) 중에 금(金)의 기운으로 사람의 폐장과 대장을, 네 번째 경신일은 오행 중에 수(水)의 기운으로 신장과 방광을, 다섯 번째 경신일은 오행(五行) 중에 중앙[土]의 기운으로 비장과 위장을, 여섯 번째 경신일은 오행(五行)의 모든 기운이 사람의 오장육부(五臟六腑)를 좋아지게 한다.

경신일은 경신 전날인 기미일(己未日)이 지나는 순간부터, 경신 다음

날인 신유일(辛酉日)이 되는 순간까지이다. 이날 24시간 한순간도 잠을 자지 않고 하는 철야 수련(徹夜修鍊)하는 것을 경신 수련이라 한다. 그런데 여기서 유의해야 할 점은 우리나라가 일본 동경을 기준으로 하는 시간[동경시(東京時)]을 사용하고 있다. 그래서 우리나라 자정(子正)은 '12시 30분'이어야 한다는 것이다. 서울을 기준으로 할 때 동경보다 30분 늦다. 12시 30분에 시작해서 다음날 12시 30분에 마치면 된다.

 선도(仙道)의 핵심은 심신(心身)의 조화점을 찾아가는 수련이다. 마음은 시공(時空)을 초월해 이어지고 있다. 그런데 마음은 몸이 없으면 아무것도 할 수 없다. 그래서 몸이 살아 숨 쉬어야 한다. 숨이 멈추지 않게 하려면 어떻게 해야 할까. 의식적으로 호흡해야 한다. 호흡은 길게 오래 숨 쉬는 것이 중요한 것이 아니다. 호흡에 의식하면서 숨을 들이마신 만큼 내쉬고, 내쉰 만큼 들이마시는 방법을 일정하게 반복하는 것이 중요하다.
 그리고 스트레칭 체조를 통해 몸을 유연하게 만들어야 한다. 동시에 마음을 다스려야 한다. 분심(憤心)을 버리고 잡념(雜念)을 버리고 욕심(慾心)을 버리고 의식(意識)을 버려야 한다. 마음 수련이란 인간의 도리에 어긋나지 않고 자연의 이치를 거스르지 않고 어떤 협약에도 어긋남 없는 행동을 해야 한다. 그래서 선조들은 심신의 조화를 강조한 것이다.

 이 순간 나를 존재하게 하는 것은 목숨이다. 사람이 코나 입으로 공기를 들이마시고 내쉬는 숨이 바로 목숨의 실상이다. 이렇게 소중한 숨은 태어나면서부터 배우지 않아도 누구나 다 할 수 있다. 그런데 선조들은

소홀히 생각할 수 있는 호흡에서 그 참 의미를 깨닫고, 몸과 마음의 감각이 깨어날 수 있도록 해야 한다며,

숨이 고르면 마음이 안정되지만, 흥분하거나 놀라면 호흡이 가빠진다. 그래서 호흡할 때 숨을 고르게 쉬되, 억지로 참거나 길게 해서는 안 된다. 자연스럽게 하는 것이 중요하다. 숨을 내쉴 때 허공과 하나가 되어 하늘에 감사하고, 숨을 들이쉴 때 몸과 하나가 되어 몸에 감사하면 어떨까?

이렇게 정신을 집중해서 호흡하면 인체가 이완되고 잡념이 없어진다. 호흡의 안정과 정서의 안정은 상통한다. 안정된 마음이 지속하면, 신이 밝아져 본성을 깨닫게 되는 것이다. 수련 방법은 숨을 들이쉬고 내쉬는 것을, 무심히 관찰하는 것이다. 호흡 수련은 복잡한 기교가 필요한 것이 아니다. 자연스러움이 가장 중요하다.

2) 기운[氣] 수련

신라 때 최치원(崔致遠)은 자연의 섭리와 이치를 통찰하고 기(氣)의 생성 원리를 명쾌하게 설명했다. 난랑비 서문(鸞郎碑 序文)에서 나라에 현묘(玄妙)한 도(道)가 있으니 이를 풍류(風流)라고 밝혔다. 그 뜻은 신비스러운 자연의 섭리와 이치를 깨닫고 자연과 함께 멋스럽게 아우러져야 한다는 가르침이다. 최치원은 이 경지에 이르게 되는 이치를 현빈일규(玄牝一竅)로 설명했다.

현빈일규(玄牝一竅)에서 '玄' 자는 천기(天氣)를 뜻하며 양기(陽氣)를 상징한다. '牝' 자는 지기(地氣)를 뜻하며 음기(陰氣)를 상징한다. '竅' 자는 구멍을 뜻한다. 천기(天氣)와 지기(地氣) 사이 공간에 합(合)을 이루면 '하나의 구멍'이 생기며, 그곳에서 기(氣)가 머무르고 교감이 그치지 않는다는 것이다.

최치원이 '하나의 구멍'에서 기(氣)가 머문다고 한 뜻은 어떤 의미일까? '하나의 구멍'을 과학적인 방법으로 비유하여 설명하자면, A 지점과 B 지점에서 무전기(無電機)로 교신하려고 한다고 하자. 그렇게 하려면 우선 무전기의 주파수가 연결되어야 하는 것처럼, 천기(天氣)인 우주의 주파수와 지기(地氣)인 땅의 주파수가 연결되면, 그 선(線)으로 에너지가 왕래하는 것과 같은 이치다.

고대 그리스에서 의학은 과학이라고 주장하던 히포크라테스는 인체의 부분들이 전체적인 구조 안에서 파악되어야 한다는 연구 결과를 도출해 냈다. 이후 1926년 하롤드 쿠민스 박사의 '피부문양학'은 피부 문양의 형태를 통해 연구하는 학문적 용어다. 그는 피부 문양의 형성은 태속에서 13~19주 경에 발육 형성되는데, 피부 문양의 배열 형식은 염색체의 유전자가 통제하고 조절하여 결정된다고 밝혔다.

캐나다의 신경외과 의사 펜 필드는 간질환자의 치료를 위해 두개골 일부를 제거하는 기술을 개척하였다. 그는 몸의 비율로 보면 뇌의 상당한 부분이 손과 관련이 있으며, 손을 통해 정보를 교환하고 있다고 밝혔다. 이후 뇌과학 분야에서 열 가락 지문(指紋)이 뇌와 연결되어 있어, 지문의 문양에 따라 개개인의 특성이 표현된다며, 지문 분석을 통해 타고난 천성(天性)을 알 수 있다고 밝혔다.

현대 과학자들은 더 나가서 지문 패턴 데이터를 활용한 과학적 분석 프로그램으로 개인의 선천적인 성향과 특성을 분석하여, 개인에게 적합한 진로 선택·직업 선택·인간관계에 도움이 될 수 있는 데이터를 제시할 수 있게 되었다고 밝혔다. 그래서 선조들은 마음이 바뀌면 생각이 변하고, 생각이 바뀌면 행동이 달라지고, 행동이 변하면 운명이 달라진다는 것을 깨닫고, 선도 수련하라고 강조한 것이다.

선조들이 개개인의 품성을 누구나 쉽게 이해할 수 있도록 한 학문이 환역(桓易)이다. 이 환역은 희역(羲易)을 거쳐 지금의 주역(周易)으로 이어졌고, 좀 더 과학적으로 접근한 학문으로 심명철학(心命哲學)이 있다. 심명철학(心命哲學)은 최봉수 박사(1929~2020)가 창시한 학문으로 동양의 역경(易經)과 서양의 현대물리학의 원리를 바탕으로 60여 년의 실증적 임상 검증을 통해 만들어진 과학화된 명리학이다.

심명철학에서는 인간의 품성을 태어난 생년월일시[四柱]의 오행원속(五行元屬)·십신통변(十神通變)·교관작용(交關作用) 등의 분석으로 개인의 성격이나 선천적 재능을 파악한 후, 실증적 임상 검증을 통해 만들어진 자료들을 성학십도(聖學十圖) 중 심통성정도(心統性情圖)를 바탕으로 분류하여 선천적 재능에 어울리는 진로를 제시할 수 있었다고 밝히고 있다.

동양철학과 서양 과학이 밝힌 개인의 유전학적 기질·선천적 성향·강점과 약점의 지능을 근거로, 청소년에게는 학습 방법과 진로를 선택할 수 있도록 방향을 제시해 주고, 젊은이들에게는 자신의 위치에서 마음껏 재능을 펼칠 수 있도록 한다면, 가족들도 든든한 마음으로 지켜보는 환경이 만들어지게 된다. 이러한 환경이 만들어지려면 모두가 스스로 중심을 잡고 인간으로서 지켜야 할 도리를 실천해야 한다.

　자연의 영향을 받으며 그 안에서 인간이 살고 있기에 인간을 소우주(小宇宙)라고 한다. 따라서 인간의 구성 또한 같다고 할 수 있다. 인간의 신체(身體)는 보이는 물질과 보이지 않는 것으로 되어있다. 보이는 것은 몸이다. 몸은 피부와 살과 내장이 있으며 뼈와 세포가 있다. 보이지 않는 것은 '기(氣)와 마음'이다. 이 '기(氣)와 마음'은 보이지도 않고 형체와 크기와 냄새와 색깔도 없지만, 엄연히 존재하고 있다.

　인체의 혈관에는 혈액(血液)이 흐른다. 혈액에 일정한 자장을 걸어주면 '산소 원자'와 '수소 원자'가 정렬했다 흩어졌다 하면서, 한 지점에서 다른 지점으로 전기량을 옮기는 데 필요한 두 점 사이의 '전압의 차이'를 발생시킨다. 이 힘은 암세포의 결정 구조를 흔들어 파괴하기도 하고, 혈관 내의 자율 신경을 자극하여 피의 흐름을 촉진(促進)시켜 주기도 한다. 이 전압의 차이를 발생시키는 힘이 바로 기(氣)다.

　우리 주변에서 '기(氣)'라는 말을 흔히 사용한다. '기(氣)'라는 이 말은 일반화되어 사용되고 있지만, 아직도 과학적으로 풀 수 없는 그 무엇이 있기에 더 '기(氣)'에 관심을 갖게 하는지도 모른다. 서양 과학에서는 눈으로 볼 수 있어야 한다. 그리고 수치화할 수 있어야 한다. 그러나 동양 철학에서는 눈으로 볼 수 없는 부분을 예리하게 꿰뚫어 보는 통찰력으로 보이지 않는 내면을 관찰할 수 있기 때문이다.

　선조들은 우주 생명의 바탕 자리는 근원적인 하나의 창조 정신으로 이루어져 있다고 보았다. 우주가 상대적인 창조와 변화 운동을 시작하면, 하나는 세 가지 작용을 하나의 근원으로 보았다. 그것을 천지인(天地人)·삼재(三才)·삼극(三極)이라고 하였다. 천지 만물을 창조해내고 운행하는 주체인 하늘과 땅에 만물의 조화와 질서를 주관하는 주체적 존재로서, 인간의 역할을 완성해낸 개념으로 보았다.

기(氣)는 끊임없는 흐름 속에서 뭉쳤다 흩어지는 존재로, 보이지 않는 곳에서 세상 밖으로 나타날 때 물질이 된다. 그렇게 생겨나고 머물다가 사라진다. 인간은 기(氣)의 흐름이 만들어낸 일시적인 생명현상이다. 기(氣)는 우주 만물의 진정한 실체인 우주적 생명력이며 물질적인 몸과 마음 사이를 연결하는 고리이다. 그래서 선조들은 우아일체(宇我一體)를 달성하기 위해 심기신 수련(心氣身 修練)을 하였다.

동양철학이 밝힌 기(氣)를 과학에서 어디까지 접근하고 있는지 살펴보고자 한다.

첫 번째는 한국해양연구원 부설 극지연구소 홍성민(洪聖旻)연구팀이 1918년 프랑스 연구팀과 함께 "그린란드 빙하지층 3,000m를 시추하여 허공에 떠다니는 전리층에서 생성된 백금(Pa)성분들이 빙하지층에 고르게 존재하고 있다."라는 연구 결과를 밝혔다.

두 번째는 스웨덴의 물리학자 리제 마이트너(Lise Meitner)가 독일의 화학자 오토 한(Otto Hahn)과 함께 우라늄이 중성자를 흡수하면 핵분열을 일으킨다는 것을 처음으로 발견했다. '핵분열 실험'하던 과정에서

"핵이 폭발할 때 발생했던 백금(Pa)이 바로 다른 물질로 변화된다."라는 결과를 1939년 초 논문으로 발표했다.

세 번째는 소련 전기기사이자 사진사였던 세미욘 키를리언(Semyon Kirlian)은 크라스노다르(Krasnodar)의 한 병원에서 전기 의료기를 수리하다가, 의료기에 가까이 닿은 피부에서 희미한 빛이 방사된다는 사실을 관찰한 후, 촬영 장치를 만들어 많은 시험 끝에 생명체에 따라 독특한 빛이 방사된다는 것을 1939년 확인했다.

네 번째는 생불[生火] 쑥뜸 연구원장 목관호(睦款晧) 박사는 1995년 인하대 화학분석실장 임형빈 박사와 흡광도 분석기를 이용하여 사리 1과(顆)의 성분을 분석한 결과, "지름 0.5cm 정도의 팥알 크기 사리에서 방사성 원소인 프로액티늄(Pa)·리튬(Li)·폴로늄(Po) 등 12종이 검출되었음을 확인하였다.

다섯 번째는 도슨 처치(Dawson Church)는 심리학적 방법과 의학적 기법을 바탕으로 연구하는 미국통합보건연구소(The National Institute For Integrative Healthcare)를 창립하였다. 도슨 처치(Dawson Church)의 저서 『깨어있는 마음의 과학(MIND TO MATTER)』에서 동조된 마음은 레이저가 빛의 힘을 한곳에 모으듯이 주의력을 집중시킨다. 마음을 고도로 동조할 수 있는 사람들은 비범한 일을 해낼 수 있다.
뇌파의 주파수, 특히 델타파·세타파·알파파·감마파 등이 있다. 이 주파수는 우리 몸에서 자연스럽게 생겨 세포 변화의 다양한 양상을 보여

주고 있다. 이러한 정보를 바탕으로 우리는 어떻게 최적의 건강 상태를 향해 가도록 방향을 조정할 수 있을까? 라는 질문을 바 있다.

여섯 번째는 뇌과학 분야 전문가 박문호는 "뇌의 작용 결과가 총체적으로 드러낸 것은 결국 우리의 행동이라며, 명상에 든 사람 뇌파를 측정하니 알파파[8~14Hz]였다. 그러나 뇌파가 14Hz 이상으로 올라가면 활동 뇌파가 되고, 8Hz 이하로 떨어지면 수면 뇌파가 된다."라는 연구 결과를 발표한 바 있다.

위에서처럼 태양광에 의해 광합성 된 외계 금속성 물질들이 지구 보호막 전리층에 모여 있다가 양 전위·음 전위소립자 물질로 변화되어 지구로 쏟아져 내려온다는 것이다. 그런데 왜 보통 사람과 동식물에는 발견되지 않고, 왜 사리에 프로트악티늄(Pa) 성분이 다량으로 함유되어 있을까?

우리가 마음과 기(氣)는 눈으로 볼 수 없지만, 그 작용은 느낄 수 있다. 그리고 그 내용을 수치화할 수 있게 되었다. 그래서 과학의 이름으로 말할 수 있는 것이다. 뇌파(腦波)의 주파수는 감마파(30Hz)·베타파(14~30Hz)·알파파(8~14Hz)·세타파(4~8Hz)·델타파(0.4~4Hz)로 세분할 수 있다. 그리고 인간의 활동 변화를 활동 뇌파와 명상 뇌파와 수면 뇌파로 구분해 볼 수 있다.

예를 들어 잠자는 사람의 뇌파를 측정하면 8Hz 이하로 떨어진다고 한다. 수면에서 깨어나 활동하는 사람의 뇌파를 측정하면 14Hz 이상으로 상승한다고 한다. 그런데 명상을 하는 사람의 뇌파를 측정하면 8-14Hz 사이에 있다. 그래서 선조들은 옆에서 굿을 해도 모를 정도로 수련에 몰두(沒頭)하라고 하는 것이다. 수련을 얼마나 오래 했느냐 보다, 얼마나 집중했느냐를 따지는 이유이다.

옆에서 굿을 하는데 어떻게 몰두할 수 있지? 보통 사람들에게는 어려운 일이다. 그러나 수련자가 무아(無我)의 경지(境地)에 들면 변별력(辨別力)이 생기기 때문에 가능하다는 것이다. 옛말 중에 '업어가도 모른다'라는 말을 들어보았을 것이다. 그리고 독서삼매(讀書三昧)란 말도 들어보았을 것이다. 그렇다. 마음을 한곳에 몰두하면 옆에서 굿을 해도 모르는 법이다.

과학자들이 대기권에서 지구로 무수한 에너지 덩어리가 떨어지고 있다는 사실을 확인해 주었다. 그런데 프로트악티늄(Pa) 성분은 '의식하지 않는 인간과 동물(動物)과 생물(生物)'에게서는 발견되지 않았다. 그러면 어떤 인간에게만 사리가 만들어지는 것일까? 하는 문제는 과학적으로 검증되지 않았지만, 이 프로트악티늄(Pa) 성분은 두 가지 작용을 한다고 추정(推定)하고 있다.

첫 번째 추정은 선도 수련자들이 깊은 명상에 들면 몸에 있던 기운(氣運)이 전기적 주파수를 발생하여 프로트악티늄(Pa) 주파수와 접촉하면서 공진현상을 일으키며 수련자의 몸에 들어와 뭉치면서 사리의 주요 성분이 된다고 본 것이다.

두 번째 추정은 인간도 동물과 식물처럼 아무런 의식 없이 이 에너지 덩어리를 받아들인다. 이때 당사자가 의식하지 않고 있었기 때문에 코로 흡입된 '프로트악티늄(Pa)'은 영양물질 역할만 한다고 보고 있다.

기(氣)는 눈에 보이지 않는다. 그런데도 일상생활에서 '기가 차다, 기가 살다, 기가 죽다, 상기(上氣)되다, 기운(氣運)이 없다, 기력(氣力)이 넘친다, 기진맥진(氣盡脈盡)하다, 기절(氣絶)하다'라는 말을 사용하고 있다. 우리는 이런 '기(氣)'를 활동의 근원이 되는 힘(power), 에너지(energy)라고 한다. '기(氣)'는 온 우주를 순환하며 작용한다.

우주를 순환하는 원리가 수승화강(水丞火降)이다. 소우주라고 하는 인체도 수승화강이 이루어져야 건강해진다. 따뜻한 단전의 기운이 신장으로 전달되면, 신장의 시원한 기운은 머리로 올려보낸다. 머리의 열기는 하체로 내려보내는 것이 순환되어야 한다. 이러한 기 순환이 잘 될 수 있게 하는 방법으로 '기지개 운동' 방법이다. 기지개 운동을 하는 방법은 다음과 같다.

운동하기 전에 양손을 비벼준다. 따뜻해지면 엄지 끝을 중지의 두 번째 마디에 대면 손바닥이 오목해진다. 그 상태를 유지하면서 온기를 느끼며 양손을 가슴 앞에 모으는 데 손바닥이 닿지 않도록 사이를 둔다. 온기를 느끼면서 천천히 아래로 내린다. 단전 앞에 오면 잠시 멈추고 온기를 느껴본다. 온기가 늘어난다고 느낌으로 손바닥이 마주할 수 있을 때까지 옆으로 벌린다.

손바닥을 천천히 하늘을 향하도록 한다. 손바닥의 온기를 느끼면서 천천히 위로 올린다. 머리 백회 위에 도착하면 양손이 닿지 않도록 한 후 온기를 느껴본다. 천천히 머리까지 내려와 얼굴 앞으로 가슴으로 내려온다. 이것이 한 동작이다. 이 동작을 반복하는 운동을 하루에 한 시간 가량하면 된다. 기지개 운동을 꾸준히 하다 보면 서서히 마음이 안정되고 몸이 개운해지는 것을 느낄 수 있다.

　우리 몸에서 기운을 발생시키는 자리를 단전(丹田)이라고 한다. 단전은 내단전(內丹田)과 외단전(外丹田)으로 구분한다. 내단전은 상, 중, 하단전으로, 상단전은 인당(印堂)과 옥침(玉枕)혈 사이에, 중단전은 전중(顫中)과 신도(神道)혈 사이에, 하단전은 기해(氣海)와 명문(命門)혈 사이의 중간 부위에 자리하고 있다. 외단전은 양 손바닥에 있는 장심(掌心)과 양 발바닥에 있는 용천(湧泉)으로 구분한다.

　우리가 단전의 중요성을 잊고 관리를 소홀히 하면, 단전이 냉해지면서 소화가 안 되거나 가슴이 답답하고 정서적으로 불안해진다. 이를 극복하기 위해 호흡을 들이마실 때는 아랫배를 내밀고, 숨을 내쉴 때는 배를 당기는데, 가장 편안한 정도로 해야 한다. 체내 혈액의 1/3이 아랫배에 모여 있어서, 단전 호흡을 하게 되면 혈액순환이 원활해지고, 심폐기능이 활성화되면서 수승화강이 저절로 이루어진다.

　정신적인 마음과 물질적인 몸 사이의 연결 고리 역할을 하는 에너지, 이 기(氣)를 터득한다고 할 때 기(氣)는 지식으로 터득(攄得)되는 것이 아니다. 몸과 마음으로 자각하는 것이다. 이는 가슴이 열린 상태, 마음이 열린 상태를 의미한다. 개인의 행동과 습관으로 굳어진 인격을 맑게 하여 건강한 기적(氣的) 구조를 갖추게 되면, 부정적인 감정과 기억이 정화되는 것을 느끼게 된다.

3) 육체[身] 수련

배달국 1세 거발환(居發桓) 환웅(桓雄)은 환국 말기에 새 역사시대를 열면서 '만물을 낳고[천일(天一): 조화(造化)], 길러내고[지일(地一), 교화(教化)], 다스리는[태일(太一), 치화(治化)] 우주의 원리'로 가르침을 베풀고, 백성들에게 인간완성의 수행법으로 권선징악(勸善懲惡) 법을 펴면서 일상생활로 삼게 했다. 이런 가르침으로 환국 말기에 다스리기 어려웠던 족속들을 다스려 번성(蕃盛)하게 되었다.

고조선시대 11세 도해(道奚) 단군은 하늘·땅·사람의 창조 정신과 목적이 담긴 염표문(念標文)으로 펼쳤다. 이 염표문에는 인류의 시원 국가인 환국으로부터 내려오는 문화의 진리를 깨달아 마음에 새기고 생활화하여 환국의 진정한 백성이 되라는 글이다. 도해 단군은 일신강충(一神降衷)·성통광명(性通光明)·재세이화(在世理化)·홍익인간(弘益人間)이라고 강조했다.

고구려 때 을지문덕(乙支文德) 장군은 도통(道通)의 요체를 다음과 같이 밝혔다.

"사람이 삼신일체(三神一體)의 기운을 받을 때, 성품[性]과 목숨[命]과 정기[精]로 나누어 받나니, 우리 몸속에 본래 있는 조화의 큰 광명은 환히 빛나 고요히 있다가 때가 되면 감응(感應)하고, 이 조화의 대 광명이 발현되면 도통하게 된다."

"도(道)를 통하는 핵심은 매일 염표문(念標文)을 생각하여 실천하기에 힘쓰고, 세상을 진리로 다스려 깨우쳐서[재세이화], 삼도(三途)를 고요히 잘 닦아 천지 광명의 뜻과 대 이상을 지상에 성취하는 홍익인간이 되는

데 있다."

신라시대 최치원(崔致遠)은 난랑비(鸞郎碑)에 "나라에 현묘한 도가 있으니 이를 풍류도라 한다"고 밝혔다. 풍류도는 인간의 본성이 우주의 본성과 하나 될 때 시·노래·춤 같은 정서적인 부분이 절로 우러나오고 만물의 이치를 깨달아 삶의 가치 목적을 실현하면서 그 창조의 기쁨을 누릴 수 있게 한다. 이 풍류를 즐김은 기(氣)를 터득하고 정신과 마음을 찾는다는 뜻이기도 하다.

태백일사(太白逸史) 삼한관경본기(三韓管境本紀) 마한세가(馬韓世家)에 "하늘에 있는 기틀이 내 마음의 기틀에 나타나고, 땅에 있는 형상(形狀)이 내 몸의 형상에 나타나며, 만물의 주재는 내 몸에 있는 기(氣)의 주재로 나타나니, 이것이 세 가지로 작용하는 삼신이 하나의 근원으로 돌아가는 원리이다."라는 기록이 있다.

하늘의 기틀과 마음의 기틀, 땅의 형상과 몸의 형상, 사물의 중심과 기(氣)의 중심이 모두 혼원일기(混元一氣)인 하나[一] 속에는 셋이 깃들어 있고, 하나[一]의 작용을 셋으로 나누어 보지만 하나와 분리될 수 있는 것이 아니다. 그런 까닭에 '하나를 잡아 셋을 포함하고 셋은 하나의 근원으로 돌아가는 것'이라고 하는 것이다.

동양에서 말하는 음양설(陰陽說)이란 우주 만물의 성질과 변화 이치에 대한 인식체계이다. 우주의 모든 만물은 각각 음양의 속성을 가지고 있으며 서로 존재하고 대립하면서 조화를 이룬다고 봤다. 사람의 장부(臟腑)에도, 경락(經絡)에도 음과 양이 존재한다. 몸 안에서 음과 양이 균형

(均衡)과 조화(調和)를 이루면 건강한 사람이 되는 것이고, 균형과 조화가 무너지면 병든 사람이 되는 것이다.

　미국 대체의학 박사인 디팩 쵸프라(Deepak Chopra)는 "정신(精神)과 육체가 하나의 에너지장(場)에 있다."라면서, "당신이 에너지장을 이용한다면 정신[마음]의 변화를 통하여 육체의 변화를 만들어 낼 수 있다. 이렇게 정신[마음]과 육체를 연결해 주는 물질이 양자 파동이다."라고 밝힌 바 있다.

　미국 입자물리학자 프리쵸프 카프라(Fritjof Capra)는 양자물리학이 시사(時事)하는 새로운 세계관이 동양의 전통사상과 놀라울 정도로 동일(同一)하다며, "양자물리학이 동양의 우주관을 점차 형상화(形象化)하는 데 도움이 되었다"라면서, 온 우주가 하나의 생명체임을 깨달았다고 밝힌 바 있다.

　인체의 체질을 조선시대 말 의학자 이제마(李濟馬)는 사상체질(四象體質: 태양인·태음인·소양인·소음인)로 구분하였으나, 한의사 권도원 박사는 1965년 동경 세계 침술 학술대회에서 팔체질의학(八體質醫學) 원리를 공개했다. 맥박으로 체질을 구분하면서 이 맥박을 음·양 목(陰·陽 木), 음·양 토(陰·陽 土), 음·양 수(陰·陽 水), 음·양 금(陰·陽 金)으로 8가지로 구분한 것이다.

　우리나라 국민의 50% 목(木) 체질이라고 한다. 이 체질은 간(肝)이 실(實)하고 폐(肺)가 허(虛)한 것이 특징이다. 따라서 간의 열을 식혀주고,

폐의 열을 높여줄 수 있는 쇠고기가 보약이라고 한다. 이 체질의 특징으로 음 목(陰 木)은 화장실에 자주 들락거리고, 양 목(陽 木)은 인상이 후덕하고 듬직해 보이는 것이 특징이라고 한다.

극히 드문 체질인 금 체질(金 體質)은 목(木) 체질과 정반대로 폐(肺)가 실(實)하고 간(肝)이 허(虛)하다. 실하다는 것은 뜨겁다는 것이고 허(虛)하다는 것은 차다는 것이다. 이들에게는 해산물 같은 것으로 간(肝)을 보(補)해 주는 음식이 좋다. 이 체질의 특징은 음 금(陰 金)은 파킨슨병 같은 희귀한 병에 잘 걸리며, 양 금(陽 金)은 알레르기 질환으로 고생한다고 한다.

우리나라 국민의 25%를 차지하는 수(水)이다. 수(水) 체질은 신장(腎臟)과 방광(膀胱)이 뜨겁고 위장(胃腸)과 췌장(膵臟)이 냉하다. 위장과 췌장에 에너지를 올려주기 위해서는 인삼·홍삼·찹쌀·닭고기·개고기·사과·귤·밤 같은 음식이 좋다. 이 체질의 특징은 음 수(陰 水)는 내성적이고 꼼꼼하며, 양 수(陽 水)는 의심이 많으나 차분하다.

우리나라 국민의 25%를 차지하는 토(土) 체질은 수(水) 체질과 정반대로 위장(胃腸)과 췌장(膵臟)이 뜨겁고 신장(腎臟)과 방광(膀胱)이 냉하다. 신장(腎臟)과 방광(膀胱)을 보(補)해 주는 돼지고기·보리밥·게·새우·오이·참외·알로에 같은 식품이 좋다. 이 체질의 특징은 음 토(陰 土)는 피부가 희고 성격이 예민하며, 양 토(陽 土)는 부지런하고 판단력이 빠르다.

그런데 이렇게 과학이 발달했음에도 불구하고 아직도 체질을 진단하는 방법에서 과학적인 데이터가 없어 정확성이 떨어진다는 데 문제점이 있다. 그리고 사람의 체질이 생활환경이나 식습관·성별·노화에 따라 변하기 때문에 일반인이 질병에 대처하는 데 어려움이 있다. 여기에서 우리가 상기해야 할 점이 있다. 인체에 생긴 염증 수치를 최소치로 낮추거나 제거할 수 있다면 질병이 사라진다는 사실이다.

사람들은 누구나 건강하게 태어나서 병들지 않고 행복하게 살다가 숨거두기를 희망한다. 그런데 사람들은 자연환경에 대해서는 잘 이해하면서도, 자신의 인체 환경이 좋은지 나쁜지는 생각하지도 않는다. 그러면서 아기가 태어나기를 원하면서, 혹여 미숙아(未熟兒)나 조숙아(早熟兒)가 태어나면 어쩌나 하고 마음만 졸인다.

천기(天氣)와 지기(地氣)가 부모로부터 받은 원기(元氣)와 조화를 이루며 자손이 태어난다. 선조들은 이 생명체마다 자신이라는 존재의 소중함을 인식하고, 상대라는 존재와의 관계를 잘 유지하라며 삼륜(三倫)사상을 폈다.

첫 번째는 일왈애(一曰愛)이다.

나를 존재케 한 자연·나를 낳아 주신 부모·나를 키워주는 공기·물·곡식이 나에게 조건 없는 사랑을 주었다. 나를 존재케 하는 그 사랑의 원천을 알고, 그 사랑에 대한 고마움을 나눌 수 있어야 한다.

두 번째는 이왈예(二曰禮)이다.

사람은 사회적 동물이기에 모여서 산다. 가깝게는 부모·형제자매·친척이 있다. 다음으로 스승·친구 등 사회구성원이 있다. 사람은 모여 살기 때문에 약속과 규약, 그리고 예절이 필요하다.

세 번째는 삼왈도(三曰道)이다.

도(道)는 자연에서 온다. 따라서 인간은 자연의 이치(理致)를 떠나서 존재할 수 없다. 어떻게 하면 자연과 하나 될 수 있나? 마음을 비우고 널리 도와주기 위한 지혜를 배워 이웃과 조화(調和)를 이루어야 한다.

사람들은 도리(道理)를 다하지 않고 진리(眞理)만 찾으려고 한다. 땀 흘리지 않고 과실만 따겠다는 마음보를 쓰기 때문에 허망한 결과를 얻게 된다. 그런데 인간의 도리(道理)를 다하게 되면 이런 자연의 가르침을 스스로 깨닫게 된다는 것이다.

우주가 스스로 다스리고 있는 원칙(原則)이 있다면 그것은 균형(均衡)과 조화(造化)다. 우주 안에 있는 모든 물체가 균형과 조화(調和)라는 잣대 속에 살아 움직이고 있다. 그러기 위해서는 먼저 균형을 이루어야 한다. 그리고 하나를 지향해야 한다. 인간만이 만물 중 깨달음을 얻을 수 있는 존재이기에 소우주(小宇宙)라 했다.

인간을 소우주라고 한 이유는 우주의 한 부분이면서 마치 그것이 한 덩어리의 우주와도 같은 상(相)을 나타낸다고 보았기 때문이다. 부모님은 나를 낳아 주셨고 자연은 나를 키워주신다. 자연이 나를 키워주었다는 이유는 자연은 내가 생명을 유지할 수 있도록 공기와 물과 곡식을 주셨기 때문에 키워주셨다고 한 것이다.

이제부터라도 공기와 물과 곡식에 감사해야 하는 이유가 여기에 있다. 공기와 물과 곡식은 우리에게 생기(生氣)를 준다. 공기가 없다면 한순간도 살지 못한다. 물과 곡식이 없다면 며칠이나 버틸까? 그런데도 우리는 이를 너무나 당연하다고 여기며 무심히 지내고 있었다.

선조들은 이런 자연환경 안에서 인간이 어떻게 살아야 할지 알려주었다. 인체가 피부와 살과 뼈와 혈액으로 형성되고 있지만, 인체만으로는 생명을 유지할 수 없다. 인체 안에 내재(內在)되어 있는 마음[心]과 기(氣)를 함께 다스려야 한다며, 심기신(心氣身)을 다스릴 수 있도록 방법을 알려 주셨다.

그래서 선조들은 마음의 균형(均衡)과 조화(調和), 기(氣)의 균형(均衡)과 조화(調和), 인체의 균형(均衡)과 조화(調和)를 이루라고 한 것이다. 여기에서 균형만으로는 변화가 일어날 수 없다. 균형(均衡)이란 상대방과 같은 상태를 유지하기 때문에 정지된 상태이고, 조화(調和)는 균형을 뛰어넘을 때 생기는 동적(動的)인 상태다.

균형(均衡)과 조화(調和)를 이루기 위해서는 마음을 다스려야 한다. 마음이 가는 곳에 기(氣)가 흐르고, 기(氣)가 흐르는 곳으로 혈(血)이 따라 흐르며, 혈(血)이 흐르는 곳에서 정(精)이 뭉쳐질 때 신(神)이 열리기 때문이다. 기(氣)는 눈으로 볼 수 없지만, 과학자들이 뇌파(腦波)를 과학적 데이터로 제시한 바 있다.

과학자들이 뇌파를 감마파[30Hz]·베타파[14~30Hz: 활동 뇌파]·알파파[8~14Hz: 명상 뇌파]·세타파[4~8Hz: 수면 뇌파]·델타파[0.4~4Hz]로 세분하였다. 눈을 감고 집중하다가 눈을 뜨는 순간 활동 뇌파로 바뀐다. 눈을 감고 집중하지 않으면 수면 뇌파로 바뀐다. 그래서 명상할 때,

정신집중을 강조한 것이다.

선조들은 인간의 실체를 살펴볼 때 육체[身]와 마음[心] 그리고 이 둘을 연결하는 기(氣)로 구분하여 보면서, 육체와 마음 가운데 기(氣)가 있어, 세 가지 기능을 하나로 연결하여 조화를 이루라고 밝힌 것이다. 마음[心]에 따라 힘[에너지(Energy)]이 생기고, 분위기에 따라 마음이 생긴다. 그래서 마음과 기운과 육체의 균형과 조화가 절대적으로 필요하다.

인체에는 기운이 합성(合成)되고 저장되는 곳이 있다. 이곳을 단전(丹田)이라고 한다. 인체에는 내단전(內丹田)과 외단전(外丹田)으로 나눌 수 있다. 내단전은 하단전(下丹田)과 중단전(中丹田)과 상단전(上丹田)이 있고, 외단전은 양 손바닥에 있는 장심(掌心)과 양 발바닥에 있는 용천(湧泉)이 있다.

(1) 내단전(內丹田)수련 방법

코를 통해 호흡하고 있으면서도 하단전에 마음을 모으고 호흡한다. 들숨에 감사하고 날숨에 감사한 마음을 담아 하단전에 기(氣)를 축적한다. 하단전 명문혈(命門穴)로 기운이 들고 나는 감각을 가지고 한다. 호흡에 집중함으로써 잡념을 없애고 정신이 맑고 마음이 밝아지면서 중단전을 통한 단중혈(檀中穴)과 상단전을 통한 옥침혈(玉枕穴)로 수승화강이 저절로 이루어진다.

호흡이 고르면 마음이 안정되고, 흥분하거나 놀라면 호흡도 가빠진다. 호흡이 가빠질 때 단전에 의식을 집중하고 숨을 고르게 쉬되, 억지로 참거나 길게 해서는 안 되고 자연스럽게 하는 것이 중요하다. 호흡의 목적은 진기 발생에 있다. 진기를 만들어 정기(精氣)를 충만하게 하면 육체적 건강뿐만 아니라 기적·영적 성장의 발판이 된다. 이를 통해 자신의 근본을 깨닫게 되는 심신 수련이다.

(2) 외단전(外丹田)수련 방법

첫 번째는 장심(掌心)수련이다. 양 손가락과 양 손바닥이 자극되도록 두 손뼉을 10번씩 마주치기를 5회 한다. 이 수련 효과는 다음과 같다. 과학자들이 양손과 뇌의 기능이 상호연결되어 작용한다고 밝힌 바 있다. 따라서 손바닥에 있는 장심혈(掌心穴)을 자극하여 생성된 진기(眞氣)를 뇌로 전달한다. 전달된 진기는 뇌 작용으로 인해 충분한 산소와 혈액이 공급되면서 기혈 순환이 활발해진다.

두 번째는 용천(湧泉)수련이다. 양손을 벽에 의지한 후 발뒤꿈치를 천천히 들었다가 내린다. 내릴 때 발뒤꿈치가 땅에 닿지 않도록 하면서 방법을 반복하기를 5분 동안 한다. 이 수련 효과는 다음과 같다. 발바닥에 있는 용천혈(湧泉穴)은 '생명과 기운이 샘물처럼 솟아난다'하여 붙여진 이름이다. 용천혈을 자극해 주면 심장과 신장 기능이 활성화되면서 고혈압과 저혈압 등의 질병이 개선된다.

이런 원리를 바탕으로 수련한다는 것은, 사람이 나아가야 할 방향과 목표를 제시하는 설계도와 같은 것이다. 그런데 원리와 수련만 가지고는 사람의 '영적인 성장'에 도달하지 못한다. 그 이유는 산속에 들어가 혼자 수행을 통해 깨달음을 얻었다 하더라도 이를 현실에서 실현을 못한다면 허상에 불과하다. 그래서 선조들은 깨달음에 그치지 말고, 세상에 나가서 올바르게 펼치라고 한 것이다.

　이제라도 홍익인간 이념을 올바로 알고 실천할 수 있는 환경을 만들어내야 한다.

홍익인간 이념의
형성과 전개 과정

1. 홍익인간 이념의 형성 과정

인간이 최초로 먹고살기 위해 곡식이나 채소를 키우기 시작했다. 시간이 흘러 고대 국가에서는 농업이 국가와 민생의 명운을 좌지우지하는 중요한 생산 기반이 되었다. 그래서 국가의 중요한 업무 중 하나가 천문을 관측하여 매년 기상변화를 예측하여 농사짓는 시기 등을 알려준 실측 기록이 많이 남겨있다.

그리고 홍익인간 이념은 환인(桓仁)께서 환웅(桓雄)에게 인간을 널리 이롭게 하라고 전수한 가르침이다. 배달국에서는 일신강충(一神降衷)·성통광명(性通光明)·재세이화(在世理化)·홍익인간(弘益人間)이라는 가르침을 고조선에 전해주었고, 고조선은 이 내용을 염표문(念標文)에 담아 구체적인 실천 방법을 제시하였다.

후대에 와서 천부경(天符經)에는 우주 만물이 생성·변화·완성·소멸하는 이치와 원리를 밝힌 한민족 정신문화의 뿌리가 되는 원리가 담겨있고, 삼일신고(三一神誥)에는 일신강충·성통광명·재세이화·홍익인간의 원리가 담겨있으며, 참전계경(參佺戒經)에는 천부경의 '인중천지일(人中天地一)'·삼일신고의 성통공완(性通功完)을 이루는 구체적인 방법을 제시하고 있다.

위에서 밝힌 기록을 살펴보면, 시원 인류 문화를 쉽게 알 수 있다. 이런 내용 중, 특히 은하계(銀河系)의 생성 및 별의 진화, 그리고 태양계의 운행과 지구의 형성 과정에 대한 기록을 현대 과학에서 검증한 결과, 기록과 연구 내용이 일치하고 있다. 이런 한민족의 문화를 지키는 방법은 '참나'에 대해 깨달음을 얻고서 펼쳐야 한다.

신라시대 박제상(朴堤上)의 저서『부도지(符都誌)』에는 한민족의 고대 문화와 철학 그리고 사상의 원형을 보여주고 있다. 그리고 "마고성시대·환인시대·환국시대·단군시대"의 분화와 이동 경로, 고대 문화의 뿌리를 밝히고 있다.

1) 마고시대(麻姑 時代)

마고성(麻姑城)은 지상에서 가장 높은 성(城)이다. 천부(天符)를 받들어 선천(先天)을 계승하였다. 이들은 모두 결혼하지 않고 마고(麻姑)는 두 딸 궁희(穹姬)와 소희(巢姬)를 두었고, 궁희씨(穹姬氏)는 두 딸 황궁씨(黃穹氏)와 청궁씨(靑穹氏)를 낳았고, 소희씨(巢姬氏)도 두 아들 백소씨(白巢氏)와 흑소씨(黑巢氏)를 두었다.

선천시대(先天時代)가 몇 번 종말을 맞이할 때, 마고성(麻姑城) 안에 있는 땅에서 젖이 나오니, 궁희씨(穹姬氏)와 소희씨(巢姬氏)가 또 네 천인(天人)과 네 천녀(天女)를 낳아 지유(地乳)를 먹여 그들을 기르고, 네 천녀에게는 음률(音律)을, 네 천인에게는 계율(戒律)을 맡아보게 하였다.

율려(律呂)가 다시 같은 진동수의 소리로 알리자 후천의 운이 터져, 땅과 바다가 나란히 늘어서고 산천이 넓게 뻗쳤다. 이에 천수의 지역이 변하여 육지가 되고, 또 여러 차례 변하여 물의 경계와 땅의 경계가 다 함께 상하로 바뀌며 순환하므로 비로소 역수(易數)가 시작되었다.

기(氣)·화(火)·수(水)·토(土)가 서로 섞여 빛이 낮과 밤, 그리고 사계절을 구분하고 풀과 짐승을 살지게 길러내니, 모든 땅에 일이 많아졌다. 이 일을 네 천인(天人)이 나누어 관장하니, 토(土)를 맡은 자는 황(黃)이, 수(水)를 맡은 자는 청(靑)이 되어 각각 수호하고, 기(氣)를 맡은 자는 백(白)이, 화(火)를 맡은 자는 흑(黑)이 되어 각각 지키니, 이것이 성씨(姓氏)가 되었다.

본음(本音)을 맡아 다스리는 사람이 8명이 있었으나, 같은 진동수의 소리로 알리는 자가 없었다. 그래서 만물이 잠깐 사이에 태어났다가 잠깐 사이에 없어지며 조절이 되지 않았다. 마고(麻姑)는 네 천인(天人)과 네 천녀(天女)에게 결혼하게 하여 12명의 남자를 출산하게 하였다. 이들이 인간의 시조(始祖)가 되었다.

남녀가 서로 결혼하여 몇 대를 거치는 사이에 족속이 불어나 각각 3,000의 사람이 되었다. 이로부터 열두 사람의 시조는 각각 성문을 지키고, 그 나머지 자손은 진동의 소리를 나누어 관리하며 하늘과 땅의 이치를 바르게 밝히며, 모든 사람은 품성이 순정하여 능히 조화를 알고, 혈기가 맑아졌다.

천인(天人) 백소씨(白巢氏) 족속 지소씨(支巢氏)가 여러 사람과 함께 지유(地乳)를 마시려고 갔는데, 사람은 많고 샘은 작으므로 여러 사람에게 양보하고 자기는 마시지 못하였다. 이런 일이 다섯 차례나 되었다. 지소씨(支巢氏)는 보금자리로 돌아와서 배가 고파 어지러워서 귀에서 희미한 소리가 울렸다.

지소씨(支巢氏)는 보금자리 가장자리에 있는 넝쿨에 달린 열매의 맛을 보고 나서, 일어나 펄쩍 뛰었다. 곧 보금자리 난간에서 내려와 걸으면서 노래하기를, 넓고도 크도다. '천지여! 내 기운을 능가하도다. 이 어찌 도(道)이리요! 열매의 힘이로다'라고 하였다. 모든 사람이 지소씨(支巢氏)의 말을 의심하였다.

　지소씨(支巢氏)가 "참으로 좋다."라고 하므로 여러 사람이 신기하게 생각하고 열매를 먹으니, 과연 그 말과 같았다. 이에 열매를 먹는 자가 많아졌다. 열매를 먹고 사는 사람들에게 모두 이[齒]가 생겼으며, 그 침은 뱀의 독과 같이 되어버렸다. 이는 강제로 다른 생명을 먹었기 때문이었다.

　그런 까닭으로 사람들의 피와 살이 탁해지고 심기가 혹독해져서 마침내 천성을 잃게 되었다. 귀에 있던 오금(烏金)이 변하여 끝내는 하늘의 소리를 들을 수 없게 되었다. 발은 무겁고 땅은 단단하여 걸을 수는 있으나 뛸 수 없었으며, 만물을 생성하는 원기가 불순하여 짐승같이 생긴 사람을 많이 낳게 되었다.

　사람들이 원망하고 타박하니, 지소씨(支巢氏)는 크게 부끄러워하며 얼굴이 붉어져서 거느린 무리를 이끌고 성을 나가 멀리 가서 숨어버렸다. 또 열매를 먹은 자와 수찰(守察)하지 아니한 자 역시 모두 성을 나가 이곳저곳으로 흩어져 가니, 황궁씨(黃穹氏)가 그들의 있는 그대로의 상태를 불쌍하게 여겨 고별하며 말하였다.

　　여러분의 미혹함이 심히 켜서 타고난 체질의 변화가 생긴 것이니, 어찌할 수 없이 성안에서 같이 살 수 없게 되었는데, 그러나 스스로 수증

(修證)하기를 열심히 하여 미혹함을 깨끗이 씻어 남김이 없으면 자연히 천성(天性)을 되찾을 것이니 노력하고 노력하라.

황궁씨(黃穹氏)가 모든 사람 가운데 어른이므로, 곧 모초(茅草)를 묶어 마고 앞에 사죄하여 오미의 책임을 스스로 지고 복본(復本)할 것을 서약했다. 그리고 황궁씨(黃穹氏)가 곧 천부를 신표로 나누어주고 칡을 캐서 식량을 만드는 법을 가르쳐 사방으로 나누어 살 것을 명령하였다.

이에 청궁씨(靑穹氏)는 권속을 이끌고 동쪽 사이의 문을 나가 운해주(雲海洲)로, 백소씨(白巢氏)는 권속을 이끌고 서쪽 사이의 문을 나가 월식주(月息洲)로, 흑소씨(黑巢氏)는 권속을 이끌고 남쪽 사이의 문을 나가 성생주(星生洲)로, 황궁씨(黃穹氏)는 권속을 이끌고 북쪽 사이의 문을 나가 천산주(天山洲)로 갔다.

마고성을 떠나 여기저기에 나뉘어 살았던 세월이 흘러 어느덧 천년이 지났다. 옛날에 먼저 성을 나간 사람들의 자손이 각지에 섞여 살아 그 세력이 자못 강성하였다. 그러나 그 근본을 잃고 성질이 사나워져서 새로 갈라져 나온 종족을 보면 무리를 지어 추적하여 그들을 해쳤다.

황궁씨(黃穹氏)가 천산주(天山洲)에 머물면서 미혹함을 풀어 복본할 것을 서약하고, 무리에게 천지의 도(道)를 닦고 실천하여 일에 근면하라고 타일렀다. 그리고 첫째 아들 유인씨(有因氏)에게는 인간 세상의 일을 밝히게 하고, 둘째와 셋째 아들한테는 모든 마을을 돌아다니게 하였다.

이에 유인씨(有因氏)는 사람들이 추위에 떨고 밤에는 어둠에 시달리는 것을 보고 불쌍히 여겨, 나무를 뚫어서 마찰시켜 불을 일으켜서 밝게 비쥐주고 몸을 따뜻하게 하고, 또 음식물을 익혀서 먹는 법을 가르치니, 모든 사람이 대단히 기뻐하였다. 유인씨(有因氏)가 천 년을 지내고 나서 아들 환인(桓因)에게 천부를 전하고, 산으로 들어가 재앙을 없애는 제천행사를 전수하며 나오지 아니하였다.

2) 환국시대(桓國時代)

오랜 세월이 흐르면서 산과 강을 끼고 남녀 무리가 땅의 경계를 나누어 지냈고, 그 경계마다 다른 마을이 형성되어 공동체가 늘어났으나, 구체적인 역사 기록이 남아 있지 않아 형성 과정은 알 수 없었다. 훗날 여러 마을 사람들의 추대를 받아 환국의 환인(桓因)이 되었다. 그를 안파견(安巴堅) 또는 거발환(居發桓)이라 불렀다.

세월이 흘러 환국(桓國)의 환인(桓仁)은 1세에서 7세까지[초대는 안파견(安巴堅), 2세는 혁서(赫胥), 3세는 고시리(古是利), 4세는 주우양(朱于襄), 5세는 석제임(釋提壬), 6세는 구을리(邱乙利), 7세는 지위리(智爲利)] 전하였으나, 그 역년(歷年)은 정확하지 않았다.

안파견(安巴堅)이라는 이름의 뜻은 하늘을 받들어 도(道)를 확립시킨다는 뜻이 담겨있고, 거발환(居發桓)이라는 이름의 뜻은 천지인(天地人)을 일체로 정한다는 뜻이 담겨있는 호칭이었다. 안파견(安巴堅)은 오물(五物)을 기르고, 오훈(五訓)을 널리 펴며 다스리셨다.

오훈(五訓)

첫째는 매사에 정성과 믿음으로 행하여 거짓이 없도록 하고,
둘째는 공경하고 근면하여 게으름이 없게 하고,
셋째는 효도하고 순종하여 거역하지 말고,
넷째는 청렴(淸廉)과 의(義)를 지켜 음란하지 말고,
다섯째는 겸양하고 화평하게 지내어 싸우지 말라.

그 당시 사람들은 모두 스스로 환(桓)이라 부르고, 무리를 다스리는 사람을 인(仁)이라 불렀다. 그 뜻은 임무를 맡는다는 뜻이다. 그래서 백성들이 환인을 선출할 때 반드시 그 사람의 업적을 살펴서 좋아함과 싫어함을 구별하고, 각자 마음으로 판별하여 스스로 선택하였다.

환인(桓仁)을 선출할 때 오직 구환족(九桓族)이 대동단결하여 공(公)을 위해 한마음이 되는 데 있었다. 그래서 대상자의 잘잘못을 비교하여 반대하는 자가 한 사람도 없는 연후에야 선출하였고, 다른 모든 무리도 감히 성급하게 독단적인 방법으로 처리하지 않았다.

당시 환인(桓仁)들은 준비가 없으면 우환이 뒤따르고, 준비를 잘하면 우환이 없다며, 반드시 미리 준비하여, 무리를 잘 다스려 아주 먼 거리에 있는 사람도 한마음 한뜻이 되어 말하지 않아도 교화가 행해지게 하였다. 이에 햇빛이 고르게 비추고 기후가 순조로워져 사람들의 괴상한 모습이 점차 본래 모습을 찾게 되었다.

환국 말기 지위리(智爲利) 환인(桓仁)이 삼위산(三危山)과 태백산(太白山)을 내려다 보시며 이렇게 물으셨다. 두 곳 모두 인간을 널리 이롭게 할 수 있는 곳이다. 과연 누구를 보내는 것이 좋을까? 라고 하자,

오가의 우두머리가 모두 대답하였다. 서자(庶子)에 환웅이란 인물이 있는데 용기와 어짊과 지혜를 겸비하고, 일찍이 홍익인간의 이념으로 세상을 개혁하려는 뜻을 품고 있으니 그를 보내주시라고 하자.

이에 환인(桓仁)은 환웅(桓雄)에게 천부(天符)와 인(印)세 종류를 주시며 명하셨다. 이제 인간과 만물이 이미 제자리를 잡아 다 만들어졌으니, 그대는 노고를 아끼지 말고 '무리 3천 명'을 이끌고 가서, 새 시대를 열어 가르침을 세우고 세상을 진리로 다스리고 깨우쳐서 이를 만세 자손의 큰 규범으로 삼으라고 하였다.

3) 배달국시대(倍達國時代)

환웅(桓雄)은 환국(桓國)을 계승하여 3천 명의 무리를 이끌고 내려와 천평(天坪)에 우물을 파고 청구(靑丘)에 농사짓는 땅을 구획하였다. 그리고 그 지역에 수도(首都)를 정하고 나라 이름을 배달국이라고 하였다. 환웅(桓雄)은 "풍백(風伯)·우사(雨師)·운사(雲師)"를 거느리고, 오가(五加)에게 농사·왕명·형벌·질병·선악을 관리하게 하고, 360여 가지 일을 주관하여 인간 세상을 도와주었다.

이때 곰을 신성(神聖)시하는 부족과 호랑이를 신성(神聖)시하는 부족이

이웃하여 함께 살았다. 이 족속들이 천제(天祭)를 올리며 "삼신의 계율을 따르는 백성이 되기를 빕니다"라고 빌었다. 이 소식을 들은 환웅(桓雄)은 가히 가르칠 만하다며, 쑥 한 묶음과 달래 스무 줄기를 주시며, 너희들은 이것을 먹으며 100일 동안 햇빛을 보지 말고 기도하라. 그리하면 참된 인간이 되리라 하셨다.

이에 두 부족이 쑥과 달래를 먹으며 삼칠일[21일]을 지내더니, 곰을 신성(神聖)시하는 부족은 굶주림과 추위를 참아내고 계율을 지켜 인간의 참모습을 얻었으나, 호랑이를 신성(神聖)시하는 부족은 방종하고 게을러 계율을 지키지 못하여 좋은 결과를 얻지 못하였다.

훗날 곰을 신성(神聖)시하는 부족 여인들이 시집갈 곳이 없어 매일 신단수 아래에 와서 주문을 외우며 아이 갖기를 빌었다. 이에 환웅(桓雄)께서 이들을 임시로 환족(桓族)으로 받아들여 환족 남자들과 혼인하게 하여 임신하여 아이를 낳으면 환족(桓族)의 핏줄을 이은 자손으로 입적시켜주었다.

환웅(桓雄)은 배달국의 새 시대를 열기 위해 백성에게 올바른 방향으로 나갈 수 있도록, 천부경(天符經)을 풀어 설명하시고, 삼일신고(三日神誥)를 강론하여 뭇 백성에게 큰 가르침을 베푸셨다. 그러자 구환족(九桓族)이 모두 삼신(三神)을 한뿌리의 조상으로 삼았다.

특히 선대의 가르침에 따라, 일신(一神)께서 참 마음을 내려 주셔서[일신강충(一神降衷)], 사람의 성품은 신의 대 광명에 통해 있으니[성통광명(性通光明)], 진리로 세상을 다스리고 깨우쳐[재세이화(在世理化)], 대 이상을 실현하는 홍익인간(弘益人間)이 되라고 가르쳤다.

특히 배달국 14세 환웅(桓雄)을 자오지(慈烏支) 또는 치우천왕(蚩尤天

王)이라고도 한다. 환웅(桓雄)은 영토를 개척하고 구리와 철을 캐어 무기를 제조하여 산업을 일으키면서, 제사를 지내는 단(壇)과 마을 안에 있는 생활터와 마을 사이의 경계를 주관하고, 백성들의 의견을 모아 하나로 통일하는 만장일치의 회의 제도를 두었다.

그리고 환웅(桓雄)은 지혜(智慧)와 삶을 함께 닦아서 인간완성을 이루도록 하셨다. 온전한 사람이 되는 삶을 살도록 백성을 모아 맹세하게 하여 착한 일을 권장하고 악한 일을 징계하는 법을 두셨다. 모든 부족은 환웅(桓雄)의 신하가 되어 섬기지 않는 자가 없었는데, 이는 배달국으로부터 문물을 배웠기 때문이다.

4) 고조선시대(古朝鮮時代)

고조선에서는 나라는 형태(形態)이고 역사는 혼(魂)이라며 나라를 위한 길을 제시하였다. 역사학(歷史學)이 분명하지 않으면 선비의 기개(氣槪)를 진작시킬 수 없고, 선비의 기개가 진작되지 않으면 국가의 근본이 흔들리고 나라를 다스리는 법도가 갈라지기 때문이라고 강조했다.

국가의 근본을 지키기 위해서는 "역사학의 중요성·자아 인식의 중요성·우주의 삼신과 인간의 탄생 원리·사람의 본성과 목숨의 존재 원리·신교의 수행 원리·구국의 길"을 강조하면서, 가르침을 세우려는 자는 먼저 자아를 확립해야 하고, 자신의 형체를 바꾸려는 자는 반드시 무형의 정신을 뜯어고쳐야 한다고 강조했다.

초대 단군왕검(檀君王儉: 재위 93년)의 즉위 원년은 무진년(戊辰年: BC 2333년)이다. 왕검은 오가(五加)의 우두머리로서 무리 8백 명을 거느리고 단목(檀木) 터에 와서 백성과 더불어 천제를 지냈다. 그리고 신시 배달의 법도를 되살리고, 아사달에 도읍을 정하여 나라를 세우고 그 이름을 조선(朝鮮)이라 칭하였다.

왕검(王儉)은 참된 삶을 위해 수신(守身)·제가(齊家)·치국(治國)·평천(平遷)하라는 여덟 가지 가르침을 내렸다. 그 내용은 다음과 같이 알려주셨다.

제1조: 하늘의 법도는 오직 하나요, 그 문은 둘이 아니다. 너희들이 오직 순수한 정성으로 다져진 일심을 가져야 하나님을 뵐 수 있느니라.

제2조: 하늘의 법도는 항상 하나이며, 사람 마음은 똑같으니라. 자기의 마음을 미루어 다른 사람의 마음을 깊이 생각하라. 사람들의 마음과 잘 융화하면, 이는 하늘의 법도에 일치하는 것이니 이로써 만방을 다스릴 수 있게 되리라.

제3조: 너를 낳으신 분은 부모요. 부모는 하늘로부터 내려오셨으니, 오직 너희 부모를 잘 공경하여야 능히 하나님을 경배할 수 있느니라. 이러한 정신이 온 나라에 번져 나가면 충효가 되나니, 너희가 이러한 도(道)를 몸으로 잘 익히면 하늘이 무너져도 반드시 먼저 벗어나 살 수 있으리라.

제4조: 짐승도 짝이 있고 헌 신도 짝이 있는 법이니라. 너희 남녀는

잘 조화하여 원망하지 말고 질투하지 말며 음란한 짓을 하지
말지어다.

제5조: 너희는 열 손가락을 깨물어 보라. 그 아픔에 차이가 없느니라.
그러므로 서로 사랑하여 헐뜯지 말며, 서로 돕고 해치지 말아
야 집안과 나라가 번영하리라.

제6조: 너희는 소와 말을 보아라. 오히려 먹이를 나누어 먹나니, 너희
는 서로 양보하여 빼앗지 말며, 함께 일하고 도적질하지 않아
야 나라와 집안이 번양하리라.

제7조: 너희는 저 호랑이를 보아라. 몹시 우악스럽고 사나워 신령하
지 못하여 재앙을 일으키느니라. 너희는 사납고 성급히 행하
여 성품을 다치지 말고 남을 해치지 말며, 하늘의 법을 항상 잘
준수하여 능히 만물을 사랑하여라. 너희는 위태로운 사람을
붙잡아 주고 약한 사람을 능멸하지 말 것이며, 불쌍한 사람을
도와주고 비천한 사람을 업신여기지 말지어다. 너희가 이러한
원칙을 어기면 영원히 신의 도움을 얻지 못하여 몸과 집안이
함께 망하리라.

제8조: 너희가 만일 서로 충돌하여 논밭에 불을 내면 곡식이 다 타서
없어져 신(神)과 사람이 노하게 되리라. 너희가 아무리 두텁게
싸고 덮으려 해도 그 향기는 반드시 새어 나오게 되느니라. 너
희는 타고난 본성을 잘 간직하여 사특한 생각을 품지 말고, 악
을 숨기지 말며, 남을 해치려는 마음을 지니지 말지어다. 하
늘을 공경하고 백성을 사랑하여야 너희들의 복되고 영화로운
삶이 무궁하리라.

왕검(王儉)은 즉위 67년[갑술년(甲戌年): BC 2267년]에 태자 부루(扶婁)를 보내어 우(虞)나라 임금 우순(虞舜)이 보낸 사공(司空)과 도산(塗山)에서 만나게 하였다. 태자가 '오행의 원리로 물을 다스리는 법'을 전하시고, 나라의 경계를 살펴 정하시니 유주(幽州)·영주(營州)가 우리 영토에 귀속되고, 회수(淮水)와 태산(泰山) 제후들을 평정하여 통치권을 우순(虞舜)에게 주어 감독하게 하였다.

2세 단군 부루(扶婁: 재위 58년) 즉위 원년[신축년(辛丑年): BC 2240년]부터 매년 봄가을에 나라 안을 순행하여 살피고, 예를 갖추어 하늘에 제사를 지내고, 모든 제후의 선악을 살피고 상벌을 신중히 하며, 매년 하늘에 제사를 지낼 때 나라에 큰 축제를 열어 모두 삼신의 덕을 찬양하는 노래를 부르며 화합하게 했다.

기쁨과 흥에 겨워 내는 소리를 음악으로 삼고 감사함을 근본으로 하여 하늘의 신명과 인간을 조화시키니 사방에서 모두 이를 본받았다. 이것이 참전계(參佺戒)가 되었는데, '참전'은 사람으로서 천지와 온전하게 하나 됨을 꾀한다는 뜻이며, '참전계'는 참된 인간이 되게 하는 계율을 말한다. 그 가사는 다음과 같다.

참전계(參佺戒)

어아어아
우리 대조신의 크나큰 든덕이시여!

배달의 아들딸 모두
백백천천 영세토록 잊지 못하오리다.

어아어아
착한 마음 큰 활 되고 악한 마음 괴녁되네
백백천천 우리 모두 큰 활줄같이 하나되고
착한 마음 곧은 화살처럼 한마음되리라.

어아어아
백백천천 우리 모두 큰활처럼 하나되어
수많은 과녁을 꿰뚫어 버리리라.
끓어오르는 물같은 착한 마음 속에서
한덩이 눈 같은 게 악한 마음이라네

어아어아
백백천천 우리 모두 큰활처럼 하나되어
굳세게 한마음 되니 배달나라 영광이로세
백백천천 오랜 세월 크나큰 은덕이시여!
우리 대조신이로세.
우리 대조신이로세.

3세 단군 가륵(嘉勒: 재위 45년)의 즉위 원년은 기해년(己亥年: BC 2182 년)이다. 단군 가륵은 삼랑(三郎: 삼신을 수호하는 관직) 을보륵(乙普勒)을 불러 신(神)과 왕(王)과 종(倧)과 전(佺)의 도(道)를 하문(下問)하였다. 이에 보륵이 예의를 갖추고 진언(進言)하니 다음과 같다.

신(神)은 만물을 생성하며 각기 타고난 성품을 온전하게 하시니 신의 오묘한 조화를 백성이 모두 믿고 의지하는 것입니다.

왕(王)은 덕과 의로써 세상을 다스려 각자 타고난 목숨을 안전하게 해 주시니, 왕이 베푸는 것을 백성이 복종하여 따르는 것입니다.

종(倧)은 나라에서 선발한 스승입니다.

전(佺)은 백성이 천거한 스승이니, 모두 이레[7일]를 1회로 하여 삼신 (三神)께 나아가 맹세합니다. 세(歲) 마을에서 선출한 사람은 전(佺)이 되고, 구환(九桓)에서 선출한 사람은 종(倧)이 됩니다.

단군 가륵은 즉위 2년[庚子年: BC 2181년]에 풍속이 일치하지 않고 지방마다 말이 서로 달랐다. 비록 상형(象形)·표의(表意)문자인 진서(眞書)가 있어도 열 가구 정도 모인 마을에서도 말이 통하지 않는 것이 많았고, 거리가 백 리가 되는 나라에서는 서로 문자를 이해하기 어려웠다. 이에 단군 가륵은 을보륵에게 명하여 정음(正音) 38자(字)를 짓게 하니, 이것이 가림토(加臨土: 한글의 원형)이다.

6세 단군 달문(達門: 재위 36년)은 동방의 모든 왕을 소집하여 약속하였다. 그 내용은 다음과 같다.

무릇 나와 함께 약속한 사람은 환국 오훈(五訓)과 배달국 오사(五事)를 영구히 준수할 법도로 삼으라고 하였다. 제천의례는 사람을 근본으로 삼고, 나라를 다스리는 도(道)는 먹는 것이 우선이니라. 농사는 만사의 근본이요, 제사는 오교(五教)의 근본이라. 마땅히 백성과 함께 일하고 생산하되, 먼저 겨레를 중히 여기도록 가르쳐라.

포로와 죄수를 용서하며, 아울러 사형을 없애도록 하라. 마을 사이의 경계를 중히 여기는 제도를 두어 지경(地境)을 보존하고, 화백을 공의로 삼아라. 오로지 한결같이 함께 화합하는 마음을 베풀어 겸양의 덕을 길러야 어진 정치를 행하는 기틀이 열리리라. 이때 맹세하고 폐백을 바친 자가 많아졌다.

11세 단군 도해(道奚: 재위 57년)는 경인년(庚寅年: BC 1891년)에 즉위하였다. 단군 도해(道奚)는 즉위 원년 오가(五加)에게 명하여 12 명산 가운데 가장 아름다운 곳을 택해 국선소도(國仙蘇塗)를 설치하게 하였다. 그 둘레에 박달나무를 많이 심고, 가장 큰 나무를 택하여 환웅상(桓雄像)으로 모시고 제사를 지냈다.

환국에서는 신교 문화의 진리라는 주제를 깨달아 마음에 아로새기고 생활화하여 환국의 진정한 백성이 되라는 가르쳤다. 배달국에서는 환국의 국시(國是)인 홍익인간의 대도 이념을 열여섯 자[일신강충 성통광명 재세이화 홍익인간]로 정리하였다. 이 내용을 단군 도해(道奚)는 하늘·땅·인간의 삼위일체(三位一體)의 도(道)로써 완성하였다. 그 내용은 다음과 같다.

염표지문(念標之文)

하늘은 아득하고 고요함으로 광대하니
하늘의 도(道)는 두루 미치어 원만하고
그 하는 일은 참됨으로 만물을 하나 되게 함이나라.

땅은 하늘의 기운을 모아서 성대하니
땅의 도(道)는 하늘의 도(道)를 본받아 원만하고
그 하는 일은 쉼 없이 길러 만물을 하나 되게 함이니라.

사람은 지혜와 능력이 있어 위대하니
사람의 도(道)는 하늘의 도(道)를 선택하여 원만하고
그 하는 일은 서로 협력하여 태일의 세계를 만드는 데 있느니라.

그러므로
삼신께서 참마음을 내려 주셔서[일신강충(一神降衷)]
사람의 성품은 삼신의 대광명에 통해 있으니[성통광명(性通光明)]
삼신의 가르침으로 세상을 다스리고 깨우쳐[재세이화(在世理化)]
인간을 널리 도와주어라[홍익인간(弘益人間)].

13세 단군 흘달(屹達: 재위 61년)은 즉위 20년[무술년(戊戌年): BC 1763년]에 제사를 지내는 소도(蘇塗)를 많이 설치하고 천지화(天指花)를 심었다. 그리고 미혼 소년들에게 독서와 활쏘기를 익히게 하고, 이들을 국자랑(國子郞)이라고 불렀다. 국자랑이 밖에 다닐 때 머리에 천지화를 꽂았기 때문에 당시 사람들이 천지화랑(天指花郞)이라고 불렀다.

　그리고 즉위 50년[무진년(戊辰年): BC 1733년]에 오성(五星)이 루성(婁星)에 모이고, 황학(黃鶴)이 날아와 금원(禁苑)의 소나무에 깃들었다. 흘달 단군 재위 50년에 "오성이 루성에 모였다"라고 한 기록을 서울대 천문학과 박창범 교수에 의해서 역사적 사실로 입증이 된 바 있다.

　33세 단군 감물(甘勿: 재위 24년)은 임오년(壬午年: BC 819년)에 즉위하였다. 즉위 7년 무자년(戊子年: BC 813년)에 영고탑 서문 밖에 있는 감물산(甘勿山) 아래에 삼성사(三聖祠)를 세우고, 친히 제사를 올렸는데, 그 서고문(誓告文)에서 다음과 같이 말씀하셨다.

　서고문(誓告文)

　세 분 성조(聖祖: 환인 환웅 단군)의 높고도 존귀하심은
　삼신과 더불어 공덕이 같으시고
　삼신의 덕(德)은 세 분 성조(聖祖)로 말미암아
　더욱 성대해지도다.

텅 빔[무]과 꽉 참[유]은 한 몸이요,

낱낱과 전체는 하나이니,

지혜와 삶 함께 닦아

내 몸과 영혼 함께 뻗어나가네.

참된 가르침이 이에 세워져

믿음이 오래면 스스로 밝아지리라.

삼신의 힘을 타면 존귀해지나니

빛을 돌려 내 몸을 살펴보세.

저 높고 가파른 백악산은 만고에 변함없이 푸르구나.

역대 성조께서 대를 이어

예악을 찬란히 부흥시키셨으니

그 규모 이토록 위대하여

신교의 도술 깊고도 광대하여라.

하나[일기(一氣)] 속에 셋[삼신(三神)]이 깃들어 있고,

세 손길로 작용하는 삼신은 하나의 근원으로 돌아가나니

하늘의 계율 널리 펴서 영세토록 법으로 삼으리.

34세 단군 오루문(奧婁門: 재위 23년)은 병오년(丙午年: BC 795년)에 즉위하였다. 이 해에 오곡이 풍성하게 잘 익어 만백성이 기뻐하며 두리가(兜里歌)를 지어 부르니 그 가사는 다음과 같다.

두리가(兜里歌)

하늘에 아침 해 솟아 밝은 빛 비추고
나라에 성인이 계셔 후덕한 가르침 널리 미치도다.
큰 나라 우리 배달 성조여!
많고 많은 사람이 가혹한 정치에 당하지 않아
즐겁고 화평하게 노래하니 늘 태평성대로세!

44세 단군 구물(丘勿: 재위 29년)은 병진년(丙辰年: BC 425년)에 즉위하였다. 재위 원년 단군 구물(丘勿)은 국호를 대부여(大夫餘)로 바꾸고, 삼한(三韓)을 삼조선(三朝鮮)으로 바꾸었다. 이때부터 삼조선 체제로 바뀌면서 삼조선[진(眞)·번(番)·막(莫)]이 각기 전쟁 수행 권한을 갖게 되었다.

고조선은 본래 삼한관경제(三韓管境制)를 시행하였으나 병권은 진한의 대단군이 행사하였다. 단군 구물(丘勿)의 병권 분립이 신교 삼신 사상을 뿌리로 하는 삼한관경제(三韓管境制)를 붕괴시키는 결정적인 계기가 되었다. 고조선은 이때부터 본격적으로 망국의 길로 들어서게 되었다.

46세 단군 보을(普乙) 재위 38년[BC 296년]에 도성(都城) 장당경(藏唐京)에 큰불이 일어나 모두 타 버리자, 보을 단군은 해성(海城: 요녕성의 해성으로 제3의 평양성)의 별궁으로 피하였다. 단군 조선 당시 평양성은 3곳으로 기록이 있다.

첫 번째 산서성(山西省) 인분시(臨汾市) 소재 장당경인 평양성이고, 두 번째 산서성 홍동(洪桐) 소재 장당경인 평양성이고, 세 번째 요녕성(遼寧省) 해성시(海城市) 소재 평양성이다. 한반도에 평양성이 있었다는 기록은 전혀 없다.

46세 단군 보을(普乙) 재위 46년[BC 296년]에 한개(韓介)가 수유(須臾)의 군대를 이끌고 진조선(眞朝鮮)의 불탄 궁궐을 침범하여 스스로 단군이 되려고 하니 대장군 고열가(高列加)가 의병을 일으켜 이들을 쳐부수었다.

47세 단군 고열가(古列加: 재위 기간 58년)는 병인년(丙寅年: 295년)에 즉위하였다. 재위 48년(계축년: BC 248년) 겨울 북막(北漠) 추장 아리당부(阿里當夫)가 연나라를 정벌하는 데 출병해 주기를 청하였다. 단군 고열가가 응하지 않자 원망하면서 이후로 조공을 바치지 않았다.

즉위 58년 3월 제천을 행한 날 저녁 오가(五加)와 더불어 의논할 때, 옛날 우리 성조들께서 처음으로 법도를 만들고 국통(國統)을 세워 후세에 전하였다. 그러나 이제 왕도가 쇠미하여 모든 왕이 세력을 다투고 있는데도 이들을 불러 무마시킬 방도가 없다며, 너희 오가(五加)는 단군을 천거하라고 하였다.

다음날 단군 고열가(古列加)는 마침내 왕위를 버리고 산으로 들어가 수도하여 선인(仙人)이 되었다. 이에 오가(五加)들이 6년[BC 232년] 동안 국사(國事)를 공동으로 다스렸다.

2. 홍익인간 이념의 전개 과정

고조선은 도읍지 이동에 따라 송화강(松花江) 유역의 아사달시대
[1,048년: 단군王儉~21세 단군 소태(蘇台)]·백악산(白岳山) 아사달시대
[860년: 22세 단군 색불루(索弗婁)~43세 단군 물리(勿理)]·장당경(藏唐
京) 아사달시대[188년: 44세 단군 구물(丘勿)~47세 고열가(高列加)]로 구
분된다.

고조선 44세 단군 구물(丘勿)은 국호를 대부여로 바꾸고, 삼한(三韓)을
삼조선으로 바꾸었다. 47세 단군 고열가(古列加) 때 고조선의 몰락하면
서 해모수(解慕漱)가 이끄는 북부여시대가 시작되었다. 북부여의 후손들
에 의해 고구려·신라·백제로 갈라지게 되었다.

1) 고구려·신라·백제시대

북부여 1세 해모수(解慕漱)의 4대손 고주몽(高朱蒙)은 부 고모수(高慕
漱)와 하백(河伯)의 딸 유화(柳花)부인 사이에서 태어났다. 고주몽은 BC
705년 졸본(卒本)에 도읍하여 고구려를 건국하였다.

북부여 5세 단군 고두막(高豆莫)의 딸 파소(婆蘇)는 남편이 없이 잉태

하여 아들 혁거세(赫居世)를 낳았다. 고두막의 외손자인 혁거세는 BC 57년 왕호를 거서간(居西干)이라 칭하고 국호를 서나벌(徐那伐)이라 칭하고 신라를 건국하였다.

고구려 초대 왕 고주몽(高朱蒙)과 북부여 6세 고무서(高無胥)의 딸 소서노(召西弩) 사이에서 태어난 온조(溫祚)는 어머니 소서노가 타계하자, 온조(溫祚)는 BC 18년 하남위례성(河南慰禮城)에 도읍하여 백제를 건국하였다.

(1) 고구려시대[B.C. 37년~A.D. 668년]

고구려 시조 고주몽(高朱蒙)은 갑오년(甲午年: BC 27년) 10월에 북옥저를 쳐서 멸하고 이듬해인 을미년(乙未年)에 졸본에서 상춘(常春)으로 도읍을 옮겼다. 고주몽(高朱蒙)은 다음과 같이 조칙을 내렸다. 이 내용은 대변경(大辯經)에 담겨있다.

하늘의 신이 만인을 한 모습으로 창조하고 삼진(三眞)을 고르게 부여하셨느니라. 이에 사람은 하늘을 대행하여 능히 이 세상에 서게 되었다. 하물며 우리나라의 선조는 북부에서 태어나신 천제(天帝)의 아들이 아니더냐!

슬기로운 이는 마음을 비우고 고요하게 하며 계율을 잘 지켜 삿된 기운을 영원히 끊이나니, 그 마음이 편안하고 태평하면 저절로 세상 사람과 더불어 매사에 올바르게 행동하게 되느니라. 군사를 쓰는 이유는 침략을 막기 위함이며, 형벌의 집행은 죄악을 뿌리 뽑기 위함이니라.

그런고로 마음을 비움이 지극하면 고요함이 생겨나고, 고요함이 지극하면 지혜가 충만하고, 지혜가 지극하면 턱이 높아지느니라. 따라서 마음을 비워 가르침을 듣고, 고요한 마음으로 사리를 판단하고, 지혜로 만물을 다스리고, 덕으로 사람을 건지느니라.

이것이 곧 신시 배달시대에 사물의 이치를 깨닫고 인간의 마음을 연 교화의 방도이니, 천신을 위해 본성을 환히 밝히고, 뭇 창생을 위해 법을 세우고, 선왕을 위해 공덕을 완수하고, 천하 만세를 위해 지혜와 생명을 함께 닦아 교화를 이루느니라.

고구려 2세 유리명왕(琉璃明王) 재위 11년[BC 9년] 선비족이 국경을 넘나들며 노략질을 일삼자 토벌하여 항복을 받았으며, 재위 14년[BC 6년] 부여의 공격을 막아내면서 국방의 중요성을 깨닫고, 재위 22년[AD 3년] 수도를 졸본성(卒本城)에서 국내성(國內城: 산서성 평요)으로 옮기고, 위나암성(尉那巖城)을 쌓았다.

고구려 2세 유리명왕 재위 33년[AD 14년] 정월에 왕자 무휼(無恤)을 태자로 삼아 군권을 맡기고 8월에 유리명왕은 장수들에게 명하여 군사 2만을 거느리고 서쪽으로 양맥국(梁貊國)을 치게 하여 그 나라를 합병시키고 진군하여 한(漢)의 고구려현(高句麗縣)을 정복했다.

고구려 9세 고국천열제(故國川烈帝) 때, 국상 을파소(乙巴素)는 나이 어린 영재를 뽑아 선인도랑(仙人徒郞)으로 삼았다. 선인도랑 중에서 교화를 주관하는 자를 참전(僉佺)이라 하는데, 무리 중에서 계율을 잘 지키는 자에게 일을 맡겼고, 무예를 관장하는 자를 조의(皂衣)라 하는데, 몸가짐을 바르게 하고 규율을 잘 지켜, 나라의 일을 위해 몸을 던져 앞장서도록 하였다.

일찍이 을파소는 무리에게 다음과 같이 말했다.

신시시대에 신교의 진리로 세상을 다스려 깨우칠 때는, 백성의 지혜가 열려 나날이 지극한 다스림에 이르렀으니, 그것은 만세에 걸쳐 바꿀 수 없는 표준이 있었기 때문이다.

그러므로 첨전이 지켜야 할 계율을 두고, 상제님의 말씀을 받들어 백성을 교화하며, 제천의식을 행함에도 계율을 두어 하늘을 대신해서 공덕을 베푸나니 모두 스스로 심법을 바로 세우고 힘써 노력하여 훗날 세울 공덕에 대비하라.

고구려 17대 소수림왕(小獸林王) 2년[372년]부터 상류층 자제를 대상으로 교육하던 곳 태학(太學)이다. 그리고 평민층을 교육대상으로 교육하던 곳은 경당(扃堂)이 있다. 경당은 주로 지방에 거주하는 평민층의 미혼 자제에게 경전(經典)과 활 쏘는 기술을 가르치는 민간교육 단체이다.

그리고 고등교육기관인 대학(大學)을 세웠다. 대학은 고구려 사람들이 높고 낮은 신분과 관계없이 모두가 배우기를 좋아했다며 그래서 경당이라고 부르는 큰 집을 지어놓고 아이들을 포함해 결혼 전 미성년들을 공부시켜 애국심·재능·용맹과 힘을 키워주는 데 있었다.

경당에 오는 사람들은 밤낮으로 글을 배우고 역사를 비롯한 여러 분야의 지식을 습득하게 하면서 활쏘기·말타기·칼 쓰기 등 여러 무술을 익히는 과정을 통해 문무를 겸비하게 한 후 외적을 물리치는 싸움에서 큰 역할을 할 수 있는 인재를 육성하는 데 노력했다.

그 결과, 26세 왕 영양왕 11년[600년] 때 태학박사 이문진(李文眞)이 100여 권에 이르는 고구려 정사(正史) 유기(留記)를 요약 정리하여 『신집(新集)』 5권을 펴냈다. 고려는 『유기』가 있음에도 국가 차원에서 『신집(新集)』을 다시 편찬한 배경에 대해서는 몇 가지 해석이 있다.

첫째, 고구려에 유학이 널리 전파됨에 따라 새로운 역사서가 필요해졌다는 견해, 둘째, 유교적 충효 관념을 내세워 왕권의 정통성을 강화하려 했다는 견해, 셋째, 고구려 후기에 형성된 귀족 연립 정권에서 새로 권력을 잡은 신흥 귀족들이 자신에게 유리한 내용을 서술하기 위해서였다고 보는 견해 등이다.

경당(扃堂)을 설립한 시기는 살펴보면, 고구려 20대 장수왕(長壽王) 15년[427년]에 평양으로 천도한 이후로 추정해 볼 수 있다. 이 경당은 전국 방방곡곡에 있었으며 아무리 가난한 자식이라도 결혼 전까지는 경당에 보내어 역사·문화 등의 교육과 활쏘기를 배우게 하였다.

고구려 19세 왕 광개토대왕(廣開土大王: 재위 391~413년)은 배달·고조선시대의 방대했던 영토와 신교 문화를 부흥시켜 회복한다는 고구려 국시인 다물(多勿)주의를 완성한 위대한 황제였다. 큰 공적과 성스러운 덕이 세상 어떤 임금보다 뛰어나시어, 사해 안에서 모두 위대한 황제라 불렀다.

광개토 나이 18세에 광명전(光明殿)에서 등극할 때 예로써 천악(天樂)을 연주했다. 그리고 전쟁에 임할 때마다 병사들에게 "어아가(於阿歌)"를 부르게 하여 사기를 돋으셨다. 말을 타고 순행하여 마리산에 이르러 참성단(塹城壇)에 올라 친히 삼신 상제님께 천제를 올렸는데 이때도 천악을 쓰셨다.

고구려 26세 영양왕(嬰陽王) 13년[AD 612년] 수(隋)나라 양제(煬帝)가 군사를 거느리고 요수(遼水: 산서성과 하남성 사이의 황하)강가에 큰 진을 쳤으나 고구려 군사가 강을 막고 항거하여 수나라 군사는 요수를 건너지 못했다. 고구려 수륙군 대원수는 황제의 아우 건무(建武)이고, 육군 대장군은 을지문덕(乙支文德)이었다.

제2차 고구려-수나라 전쟁 때 수나라군대와 전투 과정에서 을지문덕 장군의 주도 아래 이루어낸 살수대첩(薩水大捷)은 한국 전쟁사 중 가장 인지도가 높은 승전 중 하나이다. 흔히 강감찬의 귀주대첩, 이순신의 한산대첩과 함께 한국사 3대 대첩이기도 하다.

고구려 명장 을지문덕(乙支文德)은 "도(道)로써 천신을 섬기고, 덕으로써 백성과 나라를 감싸 보호하라, 나는 천하에 이런 말이 있다는 것을 안다"라며 다음과 같이 말하였다.

사람이 삼신일체의 기운을 받을 때, 성품과 목숨과 정기로 나누어 받나니, 우리 몸속에 본래 있는 조화의 대 광명은 환히 빛나 고요히 있다가 때가 되면 감응하고, 이 조화의 대 광명이 발현되면 득도(得道)하게 된다.

도(道)를 통하는 요체는 날마다 염표문(念標文)을 생각하고 실천하기에 힘쓰며, 마음을 고요히 잘 닦아 천지 광명의 뜻과 큰 이상을 지상에 성취하여 홍익인간이 되는 데 있느니라."라고 밝혔다.

고구려는 농업사회였으므로 천문기상학이 높은 수준으로 발전하였다. 대표적인 유산으로는 1,464개의 별을 282개의 별자리로 표시한 '천상열차분야지도(天象列次分野之圖)'를 들 수 있으며, 그 외도 고분벽화에도 많은 별자리 그림이 남아 있다.

봉역도(封域圖)를 628년 당나라에 보냈다는 기록으로 보아 고구려의 지도제작이 있었음을 알 수 있다. 고분벽화에는 지레의 원리를 이용한 용두레 우물·디딜방아·수레 등의 그림도 있다. 이를 통해 고구려 생활과학의 일면을 엿볼 수 있다.

금속제련기술도 높은 수준에 올라, 고구려의 금과 은은 당시에 가장 우수하였다는 기록을 볼 수 있다. 그리고 철 생산과 제품의 제작은 무기·생산도구 등 국력의 바탕이 된다는 점에서 국가적으로 힘을 기울인 사업이었다.

건축술도 발달하여 중국의 척(尺)과는 다른 고구려의 척(尺)이 사용되었고, 백제·신라·일본에까지 전해져 널리 쓰였다. 성곽 축조술은 신라와 백제는 물론 조선시대까지도 그대로 계승되어 한국식 성곽축조의 한 양식이 되었으며, 평양성 유적을 보면 도시구획 등에서 매우 높은 수준을 갖고 있었음을 알 수 있다.

고구려는 막리지(莫離支) 연개소문(淵蓋蘇文)이 657년 죽고 난 후 11년 만에 고구려는 당나라와 신라의 연합군에 의해 멸망하게 되었다. 그 당시 조정에서는 당나라와 전쟁하자는 주전파(主戰派)와 전쟁을 반대하는 주화파(主和派)로 갈려 자중지란(自中之亂)으로 조정이 혼란했다.

고구려 최고 통치자가 된 연개소문의 장남 남생(南生)은 666년 지방 순찰을 떠나며 동생인 남건(南巾)과 남산(南山)에게 국사를 맡겼다. 그런데 어떤 이간질하는 사람이 있어 형이 동생들을, 동생들이 형을 죽이려고 한다고 알려주었다. 이렇게 해서 생긴 갈등이 점차 심해졌다.

고구려 28세 보장왕(寶藏王)은 형제끼리 권력을 가지고 다투고 있다는 말을 듣고 보장왕은 남생을 잡아들이라는 명령을 내렸고, 남생은 왕명으로 자기를 잡으려고 군사들이 오고 있다는 말을 듣고 남생은 분노로 치를 떨었다. 남생은 당나라로 떠나가게 되었다.

당나라에 간 남생은 당나라 고종(高宗)으로부터 당나라 벼슬을 제수받고 자신을 버린 조국과 동생들에 대한 복수를 맹세했다. 당나라 고종은 남생에게 이세적(李世勣) 장군을 붙여 군사를 이끌고 고구려를 공격하게 하였다. 2년 동안 전쟁은 계속되었고 마침내 신라군에게 멸망하게 되었다.

고구려가 668년 나당연합군에 의해 멸망하면서 고구려가 보유하였던 고조선 등의 문헌을 당나라 군대가 수거하여 불살라 버렸다. 다행히 신라에는 삼성기·신라 고사·화랑세기·백제 신선·한산기·제왕 연대력(필사 사본)·부도지 등이 있고, 발해에는 단기고사(필사 사본)·조대기(발해어)·고려에는 조대기(한문 복간)·삼국사기·삼국유사·삼성기·제왕운기·고조선비사·단군세기·진역유기·북부여기·삼성밀기 등이 조선 초까지 전해졌다.

(2) 신라시대[B.C. 57년~A.D. 935년]

북부여 5세 고두막(高豆莫)의 딸 파소(婆蘇)가 지아비 없이 잉태하여 남의 의심을 사게 되었다. 파소는 만주 송화강 상류에 있는 눈강(嫩江)에서 도망하여 동옥저(東沃沮: 함경도와 강원도 사이)에 이르렀다가, 다시 배를 타고 남쪽으로 내려가 진한(辰韓)의 경남 양산(楊山) 기슭에 있는 나정(蘿井) 숲속에 머물렀다.

당시 고허촌(高墟村) 촌장 소벌도리(蘇伐都利)는 이 소식을 듣고 가서 아이를 집에 데려다 길렀다. 혁거세(赫居世)가 13세 때 뛰어나게 총명하고 착한 성질을 품고 있어 성인의 덕을 갖추고 있었다. 이에 진한(辰韓) 6부가 함께 받드는 거세간(居世干)이 되어서 서라벌을 도읍(都邑)으로 정했다.

신라 이전에 불렸던 나라 이름은 시라(尸羅)·사라(斯羅)·사로(斯盧)·시림(始林)·유계(有鷄)·계괴(鷄怪)·계림(鷄林)·서야벌(徐耶伐)·서라벌(徐羅伐)·유잠국(有蠶國) 등이 있었다. 그러다 22대 지증왕(智證王) 4년 10월에 나라 이름을 신라(新羅)라고 하였다.

신라가 삼국을 통일하는 데 화랑(花郞)이 가장 크게 공헌하였다. 나라를 위해 목숨을 바친 숭고한 청년집단으로 알려진 화랑은 청소년들에게 교육과 무예를 가르치던 집단이다. 화랑과 경당에서 무예 교육이 강조된 이유는 당시 국가의 생존을 위해 전사집단을 양성해야 할 필요성이 컸기 때문이었다.

화랑도 조직은 여러 곳에 퍼져 있었고, 각각 우두머리 격인 1명의 화랑이 있었는데 이 화랑은 주로 귀족의 자제로 이뤄졌으며, 태종 무열왕·김춘추·김유신도 국선(國仙)이었던 적이 있었다고 하며, 정황상 국선(國仙)이 되려면 최소한 6두품 이상[주로 성골 또는 진골] 출신이어야 했다.

화랑은 낭도들을 데리고 신라 땅 이곳저곳[금강산·지리산] 깊은 명산과 계곡을 유랑하며 심신(心身)을 단련하였다. 실제로 거리가 멀어도 화랑이 안 간 곳이 없을 정도였다고 하고, 지금까지도 화랑이 왔다 갔다고 남겨놓은 흔적이 남아 있는 곳이 전국 곳곳에 흩어져 전해오고 있다.

각 화랑도 조직에는 화랑 아래 '낭도(郞徒)'를 적게는 수십 이상, 가장 많게는 수천 명 단위까지 거느리고 지휘했으며, 화랑과 낭도로 이루어진 단체를 향도(香徒)라고 부르기도 했다. 이들은 미시랑 설화에서 보이듯 불교의 미륵사상과 일체화된 존재로 종교적 신성성까지 갖추었기에, 신라 사람들에게 공경하면서 두려워했다.

화랑도 조직의 교육은 주로 승려가 담당했다. 승려는 기본적으로 한문(漢文)과 불경을 읽고 내용을 이해할 수 있어야 했다. 중국이나 일부는 서역, 인도까지 유학을 가장 활발히 다녀오는 계층이 승려였기 때문이다. 다만 승려는 큰 범주에서 보면 화랑도의 구성원은 아니지만, 화랑과 낭도를 대상으로 교육하는 교사역할만 했다.

최치원은 신라 24세 진흥왕(眞興王)이 인재를 양성하고 군사력을 키우기 위해 창설된 화랑도 정신을 담은 난랑비 서문(鸞郎碑 序文)에 풍류도 개념을 "나라에 현묘한 도가 있으니 풍류라 한다. 풍류 가르침의 근본은 사람과 자연이라고 선사(先史)에 자세히 기록하고 있다. 이는 유불선의 뜻을 포함해 새롭게 생긴 것"이라고 밝혔다.

최치원은 사랑의 시작은 자신을 제일 먼저 아끼고 사랑해야 한다면서, 홍익인간·화랑도 정신과 맹자가 말씀한 측은지심(惻隱之心)과 예수가 말씀한 사랑 등을 모두 융합하여 서로 통할 수 있는 마음을 풍류의 사랑이라고 말하면서, 자기 자신도 사랑하지 못하면서 다른 사람과 나라, 우주, 대자연 등을 사랑할 수 없다고 했다.

신라 31세 신문왕(神文王) 2년[682년]에 국학(國學)을 설치하고, 경(卿)·박사(博士)·조교(助敎)를 두어 15세부터 30세까지의 청년들을 전문 관리로 양성하게 하였다. 이때 당나라의 문화를 깊게 받아들이며 예기·주역·논어·효경 등을 가르치며, 무예에 출중한 인재보다는 유학을 배운 관리형 인재를 선호하였다.

신라에서는 화랑제도라는 전통적인 교육, 인재 천거 방식이 있었고, 초기 유교적 교육 또한 화랑제도 하에 있었다. 국학(國學)이 설립된 과정은 김춘추(金春秋)가 648년 당나라에 갔을 때 당나라의 국학에서 석전(釋奠)과 경전(經典) 강론을 참관하고 돌아온 후에 건의해 31세 신문왕(神文王) 2년[682년]에 설립되었다.

당시는 삼국 통일 전쟁의 절정기로 제도개혁의 여력이 부족했기 때문에 미뤄졌으며, 결국 통일 전쟁이 완전히 끝난 682년이 되어서야 신문왕이 국학(國學)을 세워 사서오경(四書 五經)과 그중에서도 특히 논어와 효경을 중심으로 하는 유교 교육을 가르쳤다.

신라 말기에 와서는 신하가 왕을 살해하고 왕이 된 사례가 3회 발생했다.

첫 번째는 40세 애장왕(哀莊王)의 숙부인 상대등(上大等) 언승(彦昇)이 조카인 애장왕을 살해하고 41세 헌덕왕(憲德王)이 되었고, 두 번째는 43세 희강왕(僖康王)을 상대등 김명(金明)이 시해하고 44세 민애왕(閔哀王)이 되었고, 세 번째는 44세 민애왕을 아찬(阿飡) 우징(祐徵)이 살해하고 45세 신무왕(神武王)이 되었다.

두 번째는 조카를 죽이고 왕이 된 41세 헌덕왕(憲德王)은 17년간 장기 집권했다. 재위 14년 3월에 웅천주(熊川州) 도독 김헌창(金憲昌)이 자신의 아버지 김주원(金周元)이 왕이 되지 못했다는 이유로 반란을 일으킨 후 나라 이름을 장안(長安)이라 하고 연호를 경운(慶雲)이라 하였다.

세 번째는 41세 헌덕왕(憲德王) 17년[826년] 김헌창의 아들 김범문(金梵文)이 1백여 명과 함께 반란을 일으켜 평양에 도읍을 정하고 북한산주(北漢山州)를 공격하자, 도독 총명(聰明)은 군사를 거느리고 나가 김범문을 잡아 죽였다.

41세 헌덕왕(憲德王) 18년[826년] 왕이 세상을 떠나자, 시호를 헌덕(憲德)이라 하고, 산동성(山東省) 곡부(曲阜)의 동쪽 약 60리에 있는 천림사지(泉林寺址), 북쪽에 신라 41세 헌덕왕(憲德王)능이 있었다.

신라가 백제와 고구려를 무너뜨리고 676년부터 935년까지 약 260년간의 통일신라시대는 정치·경제·문화 등 다양한 분야에서 중요한 변화를 가져왔다. 그런데 통일신라의 멸망 계기는 귀족사회의 문제·경제적 불균형·외부세력의 압력 등이 복합적으로 작용했기 때문이다.

신라 51세 진성여왕(眞聖女王) 8년[894년]에 최치원(崔致遠)은 최승우(崔承祐)·최언위(崔彦撝)와 함께 신라 사회의 문제에 대한 종합적인 개혁안인 시무십조(時務十條)를 상소하자, 진성여왕은 그대들이 올린 시무십조를 과인은 기꺼이 이를 받아들여 실행하겠다고 했으나, 조정 정책으로는 반영하지 않았다.

시무십조(時務十條) **내용**

첫째, 왕권을 강화해야 한다.

둘째, 과거제도를 즉각 실시해야 한다.

셋째, 하급 귀족들의 충성심을 존중해야 한다.

넷째, 장군 칭호를 엄격히 해야 한다.

다섯째, 지방(地方) 토호(土豪)의 권력행사를 금해야 한다.

여섯째, 조세제도를 대대적으로 고쳐야 한다.

일곱째, 사병(私兵)의 수를 제한해야 한다.

여덟째, 토지 소유의 상한제를 정해야 한다.

아홉째, 노비 소유의 상한제를 정해야 한다.

열째, 노비를 사사로이 사고파는 행위를 금해야 한다.

신라 52세 왕 효공왕(孝恭王) 1년[897년]에 최치원이 묘향산 석벽에 은문(殷文) 81자 천부경을 새긴다는 기록과 택리지(擇里志)에 "임피(臨陂) 서편 자천대(自天臺)라는 작은 산기슭이 바닷가로 들어갔고, 그 위에 두 개의 석롱(石籠)이 있었다. 최치원이 이 고을 원님일 때 석롱 속에 비밀 문서를 감추었다."라는 기록이 있다.

후한(後漢: A.D. 25~220년)시대 때 한자(漢字)의 구조와 의미를 논술한 설문해자(說文解字)의 저자 허신(許愼)조차 갑골문자를 몰랐다는 사실을 고려할 때, 고려 34세 왕 공양왕(恭讓王: 1389~1392) 때 예의판서(禮儀判書)를 지낸 민안부(閔安富)가 중국 은허문자를 보고 갑골문 천부경을 기록할 수 없었을 것이다.

이 갑골문이 1899년에 와서야 하남(河南) 안양(安阳)지역에서 최초로 발굴되었다. 은족(殷族)의 활동지역은 하족(夏族)·동이족(東夷族)과 매우 가까웠다. 북경 대학교수 부사년(傅斯年)의 저서 이하동서설(夷夏東西說)에 "주나라 사람이 은나라 사람을 이(夷)라 부른 것은, 경전(經典)에서도 증명할 수 있다"라고 밝힌 바 있다.

은나라 사람이 동이족은 아니지만, 그 문화를 함께 누리고 있었다고 한다. 이러한 문화의 영향을 받은 상형문자는 뜻글자이기에 많은 내용을 담을 수 있어 최치원이 '인간을 중심으로 설명한 자연의 섭리와 이치'를 표현하기 위해서는 한자(漢字)보다는 은문(殷文)으로 천부경을 완성했다고 보여진다.

신라 56세 왕 경순왕이 선택한 평화적 항복은 신라의 멸망을 의미하였지만, 고려의 입장으로 살펴보면 안정된 통일을 이루는데, 큰 힘이 되었을 것이다. 그래서 고려에서는 경순왕 후손들이 중요한 역할을 할 수 있도록 배려해주었다. 경순왕의 혈통은 이후 조선 왕조까지 이어지게 되었다.

(3) 백제시대[B.C. 18년~A.D. 660년]

고구려 1대 왕 고주몽이 말하기를 "만약에 적자(嫡子) 유리(琉璃)가 오면 마땅히 태자로 봉할 것이다."라고 하였다. 소서노(召西努)는 장차 자신의 두 아들 비류(沸流)와 온조(溫祚)에게 이롭지 못하다는 것을 염려하다가, 경인년(庚寅年: BC 42년)에 남쪽으로 달려가 진한과 번한 사이에 있는 외진 땅에 자리를 잡았다.

소서노(召西努)는 고주몽에게 사람을 보내어 글을 올려 섬기기를 원한다고 했다. 고주몽은 매우 기뻐서 칭찬하시고 소서노를 책봉하여 어하라(於瑕羅)라는 칭호를 내리셨다. 어하라 재위 13년 임인년(壬寅年: BC 19년)에 이르러 소서노가 세상을 떠나고 태자 비류(沸流)가 즉위하였다. 그러나 비류를 따르는 사람이 없었다.

이때 신하 마려(馬黎)가 온조(溫祚)에게 "신(臣)이 듣기로 마한의 쇠망이 임박하였다 하니 가서 도읍을 세울 때라 생각하옵니다"라고 하니, 온조가 "좋다"라고 하였다. 이에 배를 만들어 바다를 건너 먼저 마한의 미추홀(彌鄒忽: 지금의 인천 부근)에 이르러 사방을 돌아다녀 보았으나 텅 비어 사는 사람이 없었다. 오랜 뒤에 서울 인근에 이르러 북악산에 올라 살만한 땅을 찾아보았다.

마려(馬黎)·오간(烏干) 등 신하 10여 명이 온조(溫祚)에게 "오직 이곳 하남(河南) 땅은 북으로 한수(漢水)를 끼고, 동으로 높은 산이 자리 잡고, 남쪽으로 기름진 평야가 열리고, 서쪽은 큰 바다가 가로막고 있습니다. 이처럼 천연적(天然的)으로 험준한 지형과 지리적인 이로움은 얻기가 쉽지 않은 형세이옵니다"라 하자.

신하들이 "이곳에 도읍을 정하는 것이 옳을 것입니다. 더는 다른 곳을 찾지 마옵소서"라고 온조(溫祚)에게 아뢰자, 온조(溫祚)는 하남 위례성에 도읍을 정하고, 백 사람이 건너왔기에 국호를 백제(百濟)라 하였다. 뒤에 비류(沸流)가 세상을 떠나자 그 신하와 백성이 그 땅을 바치며 복종하였다.

백제 13세 근초고왕(近肖古王)이 보여준 결단력과 정치적 지혜는 강력한 왕권을 확립과 백제 영토를 확장할 수 있었다. 그러나 당시 근초고왕은 고구려의 적으로 불리게 되었지만, 근초고왕이 강력한 왕이 될 수 있었던 배경에는 내부적으로 백제의 정치적 안정과 군사적 발전이 있었기 때문이다.

특히 즉위 23년[369년] 고구려와의 전투는 그의 통치력에 있어 결정적인 순간이었다. 백제와 고구려의 싸움은 단순한 영토 싸움이 아니라, 근초고왕은 이 전쟁을 통해 백제 내부의 결속을 다져 백제를 중심으로 한 동아시아의 새로운 질서를 구축했다. 이 과정에서 백제는 더욱 강력한 국가로 거듭날 수 있었다.

백제는 26대 성왕(聖王) 545년에 역박사(曆博士) 고덕(固德) 왕보손(王保孫)이 일본에 전파했다는 일본서기의 기록과 30대 무왕(武王) 3년[602년]에 승려 관륵(觀勒)이 역본(曆本)과 천문서(天文書)를 일본에 전하고 가르쳤다는 해동역사(海東繹史)의 기록으로 보아 백제의 교육열 또한 매우 컸음을 짐작하게 한다.

백제 태학이 있었음을 알 수 있는 묘지명이 중국 시안(西安)에서 발견되었다. 묘지명에 나온 사람은 진법자(陳法子)이다. 진법자의 증조인 진춘(陳春)이 백제에서 태학정(太學正)을 지냈다. 이러한 기록으로 보아 백제에도 고등 교육 과정이 있던 것으로 보인다.

백제의 교육은 왕실 및 귀족 가문에서 이루어졌으며, 교육 과정은 세 가지 측면으로 이루어졌다. 첫째는 유교적 가치관을 중심으로 한 윤리교육. 둘째는 실용적인 기술교육. 셋째는 문학과 예술교육이었다. 그러나 일반 백성에게는 교육의 기회가 제한적이어서 이는 계급 간의 불균형을 초래하였다.

백제 31세 의자왕(義慈王)은 용맹스럽고 담력과 결단성이 있는 사람이었다. 부모에게 효도하고 형제에게 우애가 있어 해동증자(海東曾子)란 칭호를 받은 왕이다. 즉위 동안 10여 차례 신라를 공격한 기록이 있다. 이렇게 멸망 직전까지 빼앗긴 영토를 되찾기 위해 노력하는 군주의 모습을 보였다.

의자왕(義慈王) 때 충신(忠臣) 계백(階伯) 장군이라는 이름으로 알려져서 군인이라는 인상이 강하지만, 백제에서 좌평(佐平)에 다음가는 관등

인 달솔(達率)까지 지내는 등 문인 관직에서 주로 활동했다. 고대에는 그 구분이 분명하지 않았기 때문에 역량만 있다면 한 사람이 문관과 무관을 오가거나 겸직을 했다.

계백 장군은 660년 음력 7월 좌평(佐平)인 충상(忠常)과 상영(常永) 등과 함께 죽음을 각오한 5천 결사대를 이끌고 황산벌에 진을 치고, 계백 장군은 "오늘 우리는 마땅히 각자 분발해서 승리를 쟁취하여 나라의 은혜에 보답해야 하리라!"라고 병사들을 독려했다. 신라의 명장이었던 김유신이 이끄는 5만 신라군을 맞이하였다.

백제군이 엄청난 수적 열세에도 불구하고 번번이 승리하자, 신라군의 사기가 떨어졌고, 신라의 장군 김흠순(金欽純: 김유신의 동생)은 아들 반굴(盤屈)에게 소수의 병력을 이끌고 공격하게 했으나 반굴이 죽자, 장군 김품일(金品日)이 16세 아들 관창(官昌)에게 적은 수의 병사들을 이끌고 적의 진영으로 돌격하게 했다.

신라군 관창(官昌)은 백제군에게 사로잡혔으나, 어린 나이임에도 용전한 관창을 가상히 여긴 게 살려 보냈다. 그러나 이후 관창은 재차 나와 싸우다가 또 붙잡혔으며 계백은 자신의 목숨을 돌보지 않고 싸우는 관창의 목을 잘라 말 안장에 묶어 신라군 진영으로 돌려보냈다.

그러자 신라군은 어린 관창의 용맹한 죽음으로 사기가 올라 총공격을 감행했고, 그 기세를 막지 못하고 백제군은 패했다. 계백 휘하 5천 결사대는 거의 전멸하였으며, 계백 장군 역시 마지막 전투에서 전사하였고, 좌평(佐平) 충상(忠常)과 상영(常英) 등 20여 명은 포로가 되었다.

계백 장군이 황산벌 전투에서 전사한 지 얼마 지나지 않아 백제의 수도인 사비성(泗沘城)이 당나라군과 신라군의 협공을 받아 함락되었고,

백제의 마지막 왕이었던 의자왕은 웅진성(熊津城)으로 도망쳤으나 부하인 좌위위대장군(左威衛大將軍) 예식진(禰寔進)의 배반으로 인해 사로잡히면서 백제는 멸망하게 되었다.

삼국사기나 삼국유사의 계백에 대한 기록은 고작 황산벌 전투에 국한되어 있으며, 그나마도 백제본기(百濟本記)나 계백열전(階伯列傳)에 나와 있는 내용보다 신라 측 기록 관창열전(官昌列傳) 등에서 오히려 계백에 대한 묘사가 더 자세한 편이다. 즉 신라인이 백제국 장수지만 계백의 인품을 꽤 높이 평가했다고 보는 것이다.

백제는 한반도 서남부 지역 중심으로 8대 왕조가 번성한 국가이다. 백제의 왕들은 각기 중요한 업적을 남기며 백제의 발전을 이끌었고, 백제의 석탑과 불상은 백제인의 뛰어난 예술 감각을 보여주고 있다. 그리고 일본과의 교류를 통해 일본 문화에도 큰 영향을 미쳤다.

백제는 B.C. 18년에 건국되어 31세 의자왕 때[A.D. 660년]에 첫 번째로 멸망하였고, 고구려는 B.C. 37년에 건국되어 28세 보장왕 때[A.D. 668년]에 두 번째로 멸망하였고, 신라는 B.C. 57년에 건국되어 56세 경순왕 때[A.D. 660년]에 마지막으로 멸망하게 되었다.

후삼국이 왕건에게 패한 이유는 변방에 배치되어있는 군 조직이 해이해져 있었고, 관리들이 자신의 권력을 유지하려고만 했다. 그래서 당시 사회는 지방호족끼리 중심이 되어 새로운 사회를 건설하는 방향으로 나아가고 있었다. 이러한 시대적 상황에 역행했기 때문이다.

2) 고려시대

고려 건국은 후삼국시대 혼란 속에서 이루어졌다. 승려 출신 궁예(弓裔)가 895년 치악산 석남사를 근거지로 자신의 세력을 확장해 나갔다. 그는 901년 국호를 후고구려라 정하고 스스로 왕이 되었다. 궁예는 904년에는 국호를 마진(摩震)으로, 911년에는 태봉(泰封)으로 고쳤다.

궁예(弓裔)가 세운 나라 태봉(泰封)은 삼한 영토의 3분의 2를 차지할 정도로 그 세가 대단했다. 이때 궁예(弓裔)는 왕건(王建)을 군사 지휘관으로 임명하면서 많은 권한을 부여했다. 왕건(王建)은 군사적 재능과 정치적 수완을 바탕으로 세력을 확장할 수 있게 되었다.

이때 궁예(弓裔)의 폭정(暴政)과 실정(失政)이 계속 이어지자, 신숭겸(申崇謙) 장군 등이 궁예를 내쫓고 왕건(王建)을 새 왕으로 추대하게 되었다. 태조 왕건은 918년 고려를 건국한 후, 중앙집권적 국가체제를 구축하고자 여러 가지 제도를 도입했다. 특히 호족 간의 연합 정책을 통해 지방 세력가들과 유대를 유지했다.

고려 1세 왕 태조 왕건(王建)은 919년 도읍지를 철원에서 송악으로 옮겼다. 그리고 10월에는 평양성을 축조하였다. 왕건은 새 왕조의 기틀을 마련해 가는 것은 물론 후삼국 통일이라는 큰 목표를 향해 나아갔다. 마침내 고려는 935년 통일신라를 합병하게 되었고, 936년에는 후백제를 멸망시켰다.

고려가 건국될 무렵 최치원은 해인사 주지가 된 큰형 현준 스님을 위해 절 뒷산에 있는 마애불 앞에 자리를 깔고 백일기도를 드렸다. 100일 되던 날 마애불 입술이 움직이며 "이제 서라벌 지기(地氣)는 너무 약해져 일어날 수 없게 되었다. 대신 송악의 숲이 푸르니 송악 주인과 장래를 도모하라. 어서 송악으로 가라"고 했다.

이때 함께 기도한 사람은 왕거인(王巨仁)과 최언위(崔彦撝)인데 그들은 잠들어 있었다. 그때 세찬 바람이 일어 커다란 잎사귀 하나가 최치원의 도포 자락 위로 떨어졌다. 벌레가 파먹은 듯한 낙엽에는 "곡령청송기울총(鵠嶺靑松氣鬱蔥) 계림황엽추소슬(鷄林黃葉秋蕭瑟)"이라는 글씨가 적혀 있었다.

최치원은 두 사람을 깨워서 자리를 정리한 뒤, 이제 다 되었다. 하산하자며 먼저 부석사로 가서 희랑(希朗)스님을 만나자고 했다. 그러면서 최언위에게 희랑 스님과 함께 송악으로 가거라. 가서 왕건에게 이 글을 직접 전하거라. 아무에게도 이 글을 펼쳐 보아서는 아니 된다고 말했다.

최언위는 영문도 모르는 채 최치원이 시키는 대로 준비를 마쳤다. 순식간에 전개된 일들이 궁금해서 견딜 수 없었다. 이때 최치원은 먼 하늘을 보며 "곡령의 푸른 솔은 바야흐로 울울창창한데, 계림의 누런 잎은 가을이 되어 쓸쓸하구나"라고 중얼거렸다. 최언위는 "형님 무슨 말인지 알겠습니다"라며 하직 인사를 하자.

최치원은 너는 송악에 계속 머무르거라. 희랑 스님과 함께 태조 왕건을 모시거라. 희랑 스님은 왕건의 복전(福田)이 될 것이며, 너는 황태자의 스승이 될 것이다. 돌아서는 최언위는 비수처럼 등 뒤에 꽂히는 최치원의 말을 가슴 속에 꼭 품고 서둘러 길을 떠났다.

최치원은 도선국사와 함께 일해 선사·송파 선사·주곡 선사를 만나 도선국사가 준비한 삼한도(三韓道)를 꺼내 보여주면서 "이곳이 현재 송악을 중심으로 한 고려와 서라벌을 중심으로 한 신라, 그리고 무주와 전주를 중심으로 한 후백제이옵니다." "이 세 나라의 운세를 살펴봐 주십시오."라고 청했다.

산천의 형세를 살펴보던 주곡 선사가 "글쎄, 전화가 끝이 없어. 당분간은 서로 상투 끝을 잡고 싸울 형세라. 불이 활활 붙은 용광로로다"라고 하자, 송파 선사도 고개를 좌우로 흔들며 씁쓸한 입맛을 다셨다. 그러자 주곡 선사가 침침한 눈을 비비며 날이 밝으면 다시 논의하자며 자리를 털고 일어섰다.

최치원은 도선국사와 함께 태조 왕건을 알현하게 되었다. 그 자리에는 희랑 스님과 최언위가 함께 했다. 이때 최치원이 왕건에게 "제가 국사님을 모시고 후당(後堂)에 다녀온 내용을 들으시옵소서. 지금 전쟁을 하면 백성들의 삶이 점점 더 어려워지므로 덕으로서 나라를 통일시켜야 합니다."라고 아뢰었다.

태조 왕건은 기쁜 얼굴로 두 사람을 바라보았다. 그리고 최언위에게 지금부터 과인이 전하는 내용을 일점일획도 틀리지 않게 받아 적어라. 이 내용은 우리 고려 왕조의 영원한 지침서가 될 것이다. 글이 다듬어지면 훈요십조(訓要十條)라 하여 발표하도록 하라고 하였다.

훈요십조(訓要十條)

첫째, 불교를 장려하되 후세의 왕족이나 공후귀척(公侯貴戚)·후비(后妃)·

신료들이 제각기 사원을 계승하면서 서로 주고 받고 빼앗은 싸움을 단연코 금지해야 한다.

둘째, 도선국사께서 정해 놓으신 비보처 삼천팔백 곳 외에는 함부로 절을 더 창건하지 마라.

셋째, 왕위는 장자로 계승하되 그 장자가 어질지 못하면 신망이 있는 자에게 왕통을 잇게 하라.

넷째, 고려의 특성에 맞게 인재를 등용하여 예악(禮樂)을 발전시키되 결코, 거란의 제도는 본받지 마라.

다섯째, 지맥의 근본인 서경을 중시하여 왕은 그곳에서 1년에 100일 이상 머물도록 하라.

여섯째, 연등(燃燈)과 팔관(八關) 등을 소홀히 하지 마라.

일곱째, 백성들의 신망을 얻고 신상필벌을 확실히 하라.

여덟째, 차령산맥 남쪽과 공주 강 이남 지방은 산세가 거꾸로 달려 역모 기상을 품고 있으니 그 지역 사람을 중용할 때는 신중히 검토한 후 중용하라.

아홉째, 백관의 녹봉을 제도에 따라 마련했으니 함부로 증감하지 마라.

열째, 경전과 역사를 널리 읽어 온고지신(溫故知新)의 교훈으로 삼아라.

태조 왕건은 명하기를 이 세 가지는 별도로 정리하여 후대에 전하도록 하라. 최치원 왕사께서 신라 조정에 전하셨던 시무십조 중에서 "첫째 과거제도를 시행할 것. 둘째 세금을 과중하게 물리지 말 것. 셋째 왕족 외에도 신분의 귀천을 묻지 말고 능력에 맞추어 평등하게 등용할 것"이 내용은 반드시 실시하라고 했다.

이때 도선국사가 운명하자 태조 왕건은 최치원에게 왕사가 되어 개경에 머물 것을 원했으나, 최치원은 "제가 앞으로 서라벌에 머물러 경순왕에게 평화의 길을 선택하도록 도와드리겠으니, 서라벌을 방문하시어 난리를 일으킨 백성들을 진정시키고 어루만져 달래 주시는 것이 좋을 듯합니다."라고 청하였다.

태조 왕건은 서라벌을 방문하여 진무(鎭撫)하겠다는 내용을 담은 문서에 고려 국새를 찍어 최치원에게 주었다. 최치원은 곧바로 경순왕을 알현하고 "고려 왕건이 신라왕은 물론 백성들까지 편안히 살 수 있도록 하겠다고 다짐하며 이를 역사적 사실로 기록해 고려 후대 왕에까지 이어질 것이옵니다."라고 했다.

"한 가지 걱정이 있사온데 마의(麻衣)태자 주위에서 역적모의하도록 부추길 수 있사오니, 대왕마마께서 이를 잘 살펴주옵소서. 소신 역시 마의태자를 만나 고려 왕건 왕에게 신의를 지켜주도록 당부하겠나이다. 그래야만 신라 백성과 왕족들이 편안하게 살 수 있음을 약속받았노라고 설명하겠나이다."

최치원은 한때나마 신라의 충직한 신하였던 자신이 신라를 위해 아무것도 할 수 없는 처지라는 것을 인정하며 차마 고개를 들지 못하고 엎드린 채 오열했다. 며칠 지나 서라벌의 모든 백성이 거리로 나와 청소를 했다. 그리고 월성 모든 문에는 "고려 태조대왕의 월성 방문을 환영하옵니다."라는 커다란 휘장이 내걸렸다.

태조 왕건과 경순왕은 신라와 신생 고려가 평화롭게 하나가 되는 것과 서로 의지하며 새로운 나라를 세우자고 서로 약속했다. 그리고 태조 왕건은 최치원 왕사가 개경에 가지 않더라도, 내 곁에는 최언위가 종사관으로 있으니 언제든지 해인사로 사람을 보낼 거라며 만족스러워했다.

신라 마지막 경순왕은 그간 침울했던 마음을 모두 열어젖히고 맑고 푸른 자연이 주는 화사함을 온몸으로 받으며 고려로 가고 있었다. 제일 앞에 군마 오백 필이 앞장을 서고, 그 뒤에 역대 신라의 군왕을 표시하는 사직의 깃발이 나부꼈다. 귀족의 가족 천여 명도 행렬의 무리에 섞여 있었다.

경순왕은 태조 왕건 앞에 무릎을 꿇었다. 그러자 내관이 신라의 상징인 천마도를 태조 왕건에게 전했다. 경순왕은 "대왕마마, 이 깃발이 천년 신라의 사직을 상징하는 천마도입니다. 천년 사직을 받아 주십시오." 하자, 태조 왕건은 "고맙소, 내 길이 간직하리다. 신라가 추구하는 삼한통일의 기상을 잘 이어가겠소."라고 했다.

고려 4세 광종(光宗)이 949년 보위에 올랐다. 최언위가 광종에게 "옛날 태조대왕께서 개국하시면서 신라의 최치원을 왕사로 모시려고 했습니다. 그때는 신라의 녹을 드셨던 어른께서 선뜻 왕사 되기를 허락하지 않았습니다. 그러나 지금은 고려에 통일되었고 시간도 흘렀으니 한 번 모시는 것이 어떻겠습니까."라고 아뢰었다.

해인사에서 수레를 타고 송악으로 온 최치원 내외는 제일 먼저 태조대왕릉에 예를 올렸다. 거기에서 십 리 떨어진 견훤의 능에도 찾아가 오랜만에 예를 표했다. 그리고 돌아오는 길에 최승우의 묘도 찾았다. 최치원이 궁에 들어가자 광종은 깍듯이 예를 갖추어 모셨다.

최치원이 광종에게 "대왕마마, 통일을 이룬 지 삼십여 년을 지냈는데 머리는 크고 몸은 작은 아주 괴이한 형색입니다. 몸보다 머리통이 너무 큰 모습입니다."라고 아뢰자 대왕이 머리를 앞으로 내밀며 물었다. 그러자 최치원은 고려 왕조가 너무 많은 손님을 모시고 있다는 뜻입니다.

그동안 태조대왕께서는 나라를 세우시느라 세세한 문제까지는 신경을 쓰시지 못하셨을 것입니다. 우선 관제를 정비하시고 눈에 보이는 관복을 통일시키십시오. 우선 관리의 등급에 따라 보라색·붉은색·연두색·자두색으로 관복의 흉배와 소매 끝에 표시하십시오.

개혁은 발 빠르게 진행되었다. 관제와 관복을 정비한 광종은 막연하게 송악이라고 부르거나 개경이라 부르던 고려의 수도를 황도(皇都)라고 개칭하고 서경을 서도라고 호칭하였다. 그리고 선대 왕들이 중요시했던 서도에 중요한 건축물을 짓기 시작하였다.

다음 날부터 고려의 각 고을에는 "천하의 인재를 구하노라. 광명의 날이 밝았다. 새 나라를 이끌고 나갈 인재를 널리 구한다."라는 어명이 내붙기 시작했다. 거리로 인파들이 쏟아져 나왔다. 큰 거리와 저잣거리를 가릴 것 없이 모든 사람이 모여 환호했다. 아 새 세상이 열렸다. 대왕님 만세! 외치며 환호했다.

고려에 항복한 신라 경순왕(敬順王)이 마지못해 통일신라를 바쳤지만, '신라의 정통성을 넘기는' 조건으로 그들의 기득권을 유지했다. 왕건은 아무런 희생 없이 민족통합의 위업을 쌓은 것이니 경순왕의 존재가 얼마나 고마웠을까. 그래서 신라 땅을 다스리는 관직을 주었다.

후백제를 건국한 견훤(甄萱)은 900년 완산주에 도읍을 정하였다. 견훤은 장남 신검(神劍) 대신 4남 금강(金剛)을 후계자로 정하려고 했다. 이것을 알게 된 장남 신검은 935년 3월 쿠데타를 일으켜 금강을 죽이고 견훤을 금산사(金山寺)에 깊숙이 가두는 일들이 벌어지자, 사람들은 인륜을 저버리는 일이라며 멀리했다.

후백제 견훤은 금산사에 유폐된 지 두 달이 조금 넘어 현자(賢者)가 보낸 평화 국서를 받아보고는 은밀하게 최승우(崔承祐)에게 해결 방안을 찾아보라고 하였다. 최승우는 해결 방안을 지시받자마자 곧바로 금산사를 탈출하여 최치원을 찾아가기 위해 해인사로 향해갔다.

최승우(崔承祐)는 진성여왕 4년[890년]에 당나라로 유학(留學)을 가 과거에 합격하여 벼슬을 했다. 최승우가 어느 날 공부하고 있는 최치원을 찾아가 대화 중 "당신은 틀림없이 장원급제하겠소"라고 말하며 호탕하게 웃었다. 최승우는 당나라가 멸망하자 귀국하여 후백제 견훤의 휘하에서 국사(國土)로 활동하게 되었다.

최승우는 최치원에게 전후 사정을 이야기하고 견훤이 탈출할 수 있도록 도와 달라는 청을 간곡히 올렸다. 최치원은 눈을 감은 채, 이제 내가 적극적으로 나설 때가 되었다고 마음먹고, "견훤왕은 어디로 가고 싶어 하는가?"라고 조용히 입을 열었다. 최승우는 "송악으로 가서 태조 왕건에게 의탁하고자 합니다"라고 했다.

최승우가 최치원의 곁을 떠나던 지난 일을 떠올리며 송구스러운 마음으로 있었다. 그러자 최치원은 "견훤과 보리 황후도 그렇게 생각하는가?" 라고 했다. 최승우가 "그렇습니다."라고 대답했다. 잠시 후, 최치원은 왕거인을 불렀다. "너는 바로 승군 이백 명을 데리고 최승우를 따라가 잘 도와주라"고 했다.

최승우는 출발하면서 최치원에게 큰절을 올렸다. 왕거인 일행은 최승우와 힘을 합쳐 견훤과 보리 황후를 개경으로 안전하게 이동시켰다. 왕건은 웃으며 견훤의 처절한 마음을 달래주었다. 견훤은 쑥스러워하며 신건과 일곱 아들에 대한 분노는 삭이지 못해 이놈들을 제 손으로 처치하겠노라고 했다.

태조 왕건은 견훤에게 "대왕이 우리 고려로 귀속하셨다는 소문은 이미 들어 알고 있을 겁니다. 그쪽에서도 일전을 각오하고 만반의 준비를 하고 있을 겁니다. 함부로 서두를 일이 아닙니다. 가시려면 저도 함께 가겠습니다." 태조 왕건은 침착하게 말하며 견훤의 손을 손안으로 거두어 모아 당겨 잡았다.

이때 시위 대장 박술희가 들어와 "대왕마마, 후백제군이 북상하고 있습니다. 견훤왕께서 개경에 머무시는 것을 알고, 개경에까지 침범을 시도할 것 같습니다."라고 보고자, 왕건은 "박술희 장군, 적들을 급히 몰지 말고 천천히 대응하면서 주공의 방향을 우리 개경에서 벗어나게 하시오."

결국은 서라벌 북부 지역의 일선군(一善郡)에서 전선이 형성되었다. 왕건은 주력부대와 함께 뒤에 진을 치고 선봉장으로 견훤이 나섰다. 견훤을 본 신검의 부하 장수들은 모두 기가 질려 후퇴했다. 점심때가 되자 견훤의 사위 박영규 장군이 보병 삼천을 이끌고 투항해 왔다.

한때 견훤의 선봉장으로 이름을 날렸던 애술 장군도 보병 오천과 함께 귀순해 왔다. 이렇게 견훤이 앞장서자 옛날 부하들은 싸울 생각도 하지 않고 모두 견훤 쪽으로 귀순 의사를 밝혔다. 산 정상에 올라 전세를 살피던 신검은 몹시 난감했다. 할 수 없이 보병과 기병을 모아 황산벌까지 후퇴하고 거기서 일박을 준비했다.

그러나 바로 뒤따라온 견훤에 의해 신검 일행은 모두 체포되고 말았다. 신검 아우인 양검과 용검은 모두 처형되었고, 모반을 부추겼던 능환도 참수되었다. 한때나마 삼한의 땅을 삼 등분하고 후백제의 기상을 날렸던 견훤의 왕국은 이렇게 사라지고 말았다.

왕건은 견훤(甄萱)을 받아 주고 그에게도 예의를 지키며 대우를 해주었다. 그러자 견훤(甄萱)은 936년 9월 고려 태조 왕건과 함께 일리천(一利川: 현재 경북 선산) 전투에서 고려군 좌익의 선봉으로 참전하여 후백제군 앞에 모습을 드러냈다. 견훤(甄萱)은 본 후백제 군인들은 사기가 떨어져 전투도 해보기 전에 투항하였다.

이런 과정을 거치며 후백제는 점차 내분이 생겨 왕건에 의해 멸망하였다. 3형제 신검(神劍)·양검(良劍)·용검(龍劍)은 한때 목숨을 부지했으나, 얼마 뒤에 모두 살해되었다. 견훤은 왕위 계승 문제로 생긴 울화가 심해져 등창이 생기면서 황산에 있는 불사에서 생을 마쳤다.

태조(太祖) 왕건(王建)은 943년 박술희(朴述希)를 불러 훈요십조(訓要十條)를 내려 후대 왕들에게 통치 지침을 제공했다. 이 훈요(訓要)는 태조 정치 철학과 고려 발전 방향을 제시하는 중요한 문서가 되었다. 왕건은 4대 왕 광종(光宗)과 5대 왕 경종(景宗)의 후계를 통해 중앙집권화와 국방 강화하는 데 힘썼다.

태조 왕건의 통치는 경제와 사회 전반에 걸쳐 큰 변화를 가져왔다. 특히 토지 제도 개혁을 통해 국토를 재정비하고 농업 생산력을 높였다. 특히 경작지를 측량하고 세금을 부과하는 방식을 도입하여 국가 재정을 안정시켰다. 그리고 송나라와의 교역을 통해 선진 문물을 수용하며 경제 활성화를 주도해 나갔다.

태조 왕건은 문화적 측면에서도 많은 업적을 남겼다. 왕건은 불교를 국교로 삼고 고찰 건립과 불교 문화 발전을 지원했다. 특히 개성지역에 있는 송악산 대각사를 건립하여 불교 중심지로 만들었으며, 팔만대장경의 제작을 추진하는 등 불교 문화의 꽃을 피웠다.

태조 왕건은 고구려 전통을 계승하고자 노력했다. 고려라는 국호 자체(自體)도 고구려의 이름을 딴 것이며, 고구려 문물과 제도를 적극적으로 수용하여 고려 정체성을 확립했다. 이를 통해 고려는 문화적으로 고구려 후예임을 자부할 수 있도록 민족적 자긍심을 북돋워 주었다.

태조 왕건 후손들은 그의 유훈(遺訓)을 이어받아 고려를 발전시켜 나갔다. 그의 아들인 2세 왕 혜종(惠宗), 3세 왕 정종(定宗), 4세 왕 광종(光宗) 등이 차례로 왕위에 올라 고려 중앙집권화를 추진했다. 특히 광종은 노비를 해방 시켜 주기 위해 만든 법과 과거제도를 도입하여 고려 행정 체계를 정비하면서 왕권을 강화했다.

태조 왕건의 건국 이념과 개혁 정책은 고려 왕조 전반에 큰 영향을 미치며, 후손들은 이러한 기틀 위에 고려를 강국으로 발전시켰다. 태조 왕건의 업적과 통솔력은 오늘날까지도 한국 역사에서 중요한 위치를 차지하고 있다.

고려 초기에는 달리 특기할 만한 교육 기관의 존재가 보이지 않지만, 태조 왕건이 930년에 서경에 행차하면서 그곳에 학교와 학원을 창설하고 공식적으로 학업을 진흥시킨 일이 있었다. 이를 근거로 삼아 개경에

도 일찍부터 학교가 있었으리라 추정하는 견해가 있지만, 아직 전국적 차원의 고등 교육 기관은 아니었다.

그 뒤로 유교 사상을 기반으로 하는 문벌 집단이 형성되면서 고등 교육 기관에 대한 내부의 수요가 증폭되었고, 이에 비로소 6대 성종(成宗)이 체제 정비의 일환(一環)으로 신라의 국학을 본뜬 태학을 개경에 건립했다. 서기 983년에 박사 임노성(任老成)이 987년 태학을 설립하고 교육이 시작된 것이다.

고려 6세 왕 성종(成宗) 11년[992년]에 국자감(國子監)을 설립했다. 이 명칭은 경당에서 수련했던 자제들을 국자랑(國子郎)이라 칭한 데서 황제국의 뜻을 계승하고자 하였다. 고려는 국자감 교육을 매우 중요시했다. 그런데 25대 충렬왕(忠烈王) 24년[1298년] 원(元)의 압박으로 성균감(成均監)으로 되었다.

고려 26세 왕 충선왕(忠宣王) 즉위년[1308년]에 다시 성균관(成均館)으로 강등되었다. 성균관은 황제국의 교육 기관이었던 벽옹(辟雍)또는 국자감(國子監)보다 한 단계 낮은 이름이었다. 31대 공민왕 5년에 배원정책(排元政策)과 왕권 강화 일환으로 국자감으로 환원되었으나, 1362년 다시 성균관으로 바꿨다.

고려 8세 왕 현종(顯宗)이 1009년 보위에 오른 뒤 "고려 조정에서 최치원은 대국은 물론 신라와 고려에 학문과 교육을 통해서 이국이민(理國理民)을 몸소 실천한 분이라고 인정하고 선성묘(先聖廟)를 충남 홍성군 소재 보금산 자락에 조성하고 문창후(文昌侯)라는 시호를 내려 후세에 널리 알리라."고 했다.

고려 8세 왕 현종(顯宗) 때 문신이자 장군인 강감찬(姜邯贊)은 1010년 거란의 침략을 물리치고 귀주대첩을 승리로 이끌었다. 8년 후인 1018년 거란이 다시 10만 대군을 이끌고 고려를 침략하자 곳곳에서 거란을 격파해 승리했다. 이후 강감찬 장군은 나이가 많음을 이유로 벼슬에서 물러났다.

강감찬이 승리를 거두고 돌아오니 현종은 직접 영파역(迎波驛)까지 마중을 나와 오색비단으로 천막을 치고 전승을 축하하는 연회를 벌었다. 이 자리에서 현종은 그의 손을 잡고 금화팔지(金花八枝)를 머리에 꽂아주는 등 극진한 환영을 했다. 거란군을 물리친 공으로 추충협모안국공신(推忠協謀安國功臣)의 호를 받았다.

고려 31세 공민왕(恭愍王) 때, 명장(名將) 최영(崔瑩)이 활동했던 시기의 고려는 대내외적으로 많은 어려움에 직면해 있었다. 특히 고려 23대 고종(高宗) 때 원나라가 고려를 침략한 이후, 원나라 공주를 왕비로 보내 내정간섭이 심해졌다. 왕실이 외세에 좌지우지되니 왕권은 자연히 힘이 약해질 수밖에 없었다.

그러자 틈만 나면 왕의 자리를 노리는 반란이 일어났다. 또한 홍건적(紅巾賊)이 고려 국경을 넘나드는 혼란이 야기되자, 평소 우직하고 청렴결백하기로 유명한 최영은 외적이 침략하거나 조정에 반기를 들고 내란이 일어날 때면 어김없이 관군을 이끌고 나섰다.

오늘날까지도 최영이라는 이름과 함께 떠오르는 "황금 보기를 돌같이 하라."라는 말은 그의 나이 16세 때 아버지가 죽으면서 남긴 유언이었다. 최영은 아버지의 유언을 평생 실천하며 살았다. 지위는 비록 재상과 장군을 겸하고 오랫동안 병권을 장악했으나 뇌물과 청탁을 받지 않았으므로 세상에서 그 청백함을 탄복했다.

최영은 공민왕 1년[1352년]에 일어난 조일신(趙日新)의 난 때 공을 세워 무장으로서 인정을 받기 시작했다. 조일신은 공민왕이 원나라에 있을 때 시종을 맡았던 인물로 공민왕이 왕이 된 뒤 그 총애를 업고 안하무인(眼下無人)의 권력을 휘두르다 난을 일으켰다. 이때 최영은 그들을 모조리 처단했다.

고려 31세 공민왕 3년[1354년]에 대호군(大護軍)에 임명된 최영은 원나라의 요청으로 장사성(張士誠)의 반란군을 토벌하는 데 일조했다. 최영은 이 전투에서 창에 여러 번 맞기도 했으나 실전 경험을 축적하며 장군의 면모를 갖추었다.

고려 31세 공민왕 5년[1356년]에 왕은 반원(反元)의 기치를 드높이며 영토 수복을 꾀할 때 인당(印璫)·신순(辛珣)·유홍(兪弘)·최부개(崔夫介)와 더불어 압록강 서쪽의 8 참(站)을 공략했다. 이 전투에서 이성계(李成桂)와 함께 고려의 함경도 일대 옛 영토를 회복하는 성과를 거두었다.

고려 31세 공민왕 8년[1359년]에는 중국에서 일어난 홍건적(紅巾賊) 4만여 명이 국경을 넘어 서경을 함락시키자 병마사(兵馬使)로 임명되어 이방실(李芳實) 등과 함께 적을 물리쳤다. 공민왕 10년[1361년]에는 홍건적이 개경까지 밀려왔을 때도 역시 최영이 이들을 물리쳤다.

최영은 고려를 위협하는 전투마다 나가서 용맹을 떨치며 싸우는 한편, 전투가 끝난 후 전쟁의 상처를 회복하는 데도 노력을 기울였다. 각처에 구제소(救濟所)를 설치해 양식과 씨앗으로 쓸 곡식을 나누어주어 백성들의 농사를 장려했다. 그리고 전사자의 시체를 거두어 매장하는 등 무장의 예를 다했다.

고려 31세 공민왕 12년[1363년]에는 홍건적의 침입으로 나라가 혼란스러운 틈을 타 김용(金鏞)이 난을 일으켰다. 그는 원나라에서 공민왕의 시종으로 지내다 총애를 받아 고위직에 오른 무인으로, 스스로 왕이 되기 위해 공민왕을 죽이려고 했다. 최영은 반란군을 처단하고 일등 공신에 올랐다.

고려 31세 공민왕이 1373년에 죽고 우왕(禑王)이 왕위에 올랐다. 이때 최영은 정권을 잡은 이인임(李仁任)에게 "나라가 매우 곤란한데 당신은 수상(首相)으로서 어찌 이것을 우려하지 않고 다만 가정 살림에만 관심하는가."라고 말했다. 결국 이인임(李仁任)은 최영과 이성계 등에게 추방되어 처형되었다.

고려 32세 우왕(禑王) 2년[1376년]에 왜구가 연산(連山)에 침입했을 때 원수 박인계(朴仁桂)가 참패해 전사하자, 최영이 직접 나섰다. 이때 왕이 최영의 나이가 60세의 고령임을 들어 말렸지만, 저[최영]로 말하면 "비록 몸은 늙었으나 뜻은 꺾이지 않아 종묘와 국가를 편히 하고 왕실을 보위하려는 일념뿐입니다."라고 했다.

고려 32세 우왕(禑王)의 허락을 얻어낸 최영은 몸소 군을 이끌고 운봉(雲峰)의 홍산(鴻山)으로 행군해 왜구를 대파했다. 왕이 승전보를 듣고 기뻐하며 최영에게 시중의 직을 임명하려 했다. 그러나 최영은 시중이 되면 제때 전선으로 나갈 수 없을 것이므로 왜적을 평정한 연후라면 좋을 것이라며 사양했다.

고려 32세 우왕(禑王) 14년[1388년]에는 수문하시중의 직에 올랐다.

그런데 이즈음 고려는 커다란 외교 문제에 봉착했다. 당시 중국에서는 한족이 세운 명나라가 본토에서 일어나 원의 세력을 약화(弱化)시키고 있었다. 그런데 명나라가 고려와의 관계에서 우위를 차지하기 위해 철령(鐵嶺) 이북의 땅을 내놓으라고 통고했다.

철령 이북의 땅은 원나라가 고려의 땅을 강제로 점거하고 설치한 쌍성총관부가 있던 곳이며, 공민왕 때에 이르러 최영이 출정해 회복한 곳이었다. 최영은 명나라가 철령위를 설치하고 그 지역을 자신들의 영토로 만들려고 하자, 우왕에게 요동을 정벌해야 한다고 주청했다.

고려가 100여 년 만에 겨우 회복한 영토를 순순히 내줄 수는 없다는 것이 무장 최영의 생각이었다. 그는 명나라가 국가를 이룬 지 오래지 않아 힘을 겨룰 만하다고 판단했다. 그리고 고려 32세 우왕(禑王)도 역시 최영의 생각에 동조해 전국의 군사를 모집하며 전쟁 준비에 들어갔다.

고려 32세 우왕(禑王)1 4년[1388년] 5월, 마침내 최영은 팔도도통사로 요동 공략에 나섰다. 이때 최영과 함께 수많은 전투에서 승리해 명장 이름을 얻고 있던 이성계(李成桂)는 요동 정벌에 반대했다. 하지만 최영과 우왕은 이를 받아들이지 않고 좌군도통사에 조민수(曹敏修), 우군도통사에 이성계를 임명해 출정을 명했다.

선발대로 압록강 위화도에 도착한 이성계는 장마를 만나자 전쟁이 불가한 이유, 이른바 '사불가론(四不可論)'을 들어 조정에 다시 회군할 것을 청했다. 그러나 우왕과 최영은 이를 받아들이지 않고 진군을 재촉했다. 이에 이성계와 조민수가 명을 어기고 회군을 단행하였다.

고려 32세 우왕과 서둘러 개경으로 온 최영(崔瑩) 장군은 이성계 군대를 막기 위해 최선을 다했지만, 기세를 꺾지는 못했고, 최영 장군은 잡혀 유배에 올랐다. 이때 이성계는 최영에게 "요동 공략은 비단 정의에 거슬릴 뿐만 아니라 국가를 위태롭게 하고 백성을 괴롭혀 원성이 하늘에 맞닿으므로 부득이했다"라고 설득했다.

그러고는 둘이 마주 서서 울었다고 전한다. 하지만 신진 세력 이성계에게 최영(崔瑩) 장군은 국왕의 신임을 받고 백성에게 존경받고 있는 부담스러운 존재였다. 그리하여 결국 최영 장군은 요동 정벌 실패와 함께 그해 12월 참수되어 생을 마감했다. 최영 장군의 죽음으로 이성계는 조선 건국에 박차를 가하게 되었다.

당시 최영 장군은 귀족 출신으로 왕의 장인이었다. 한마디로 기득권 세력이었다. 당시 고려의 기득권 세력의 대부분과 최영 장군은 친원파(親元派)였다. 반면 이성계는 신흥 세력으로 친명파(親明派)였다. 그런 그가 명나라를 치러 나가는 것 자체가 명분을 어기는 것이었다. 따라서 이성계에게 위화도 회군은 당연한 결과였다.

그런데 당시 고려의 군사력은 수년간 계속되어 온 왜구의 침략으로 약해 상태였고, 백성들도 잦은 전쟁에 피폐한 삶을 살고 있었기 때문에 명나라의 기세를 꺾기 힘들었을 가능성이 크다. 그런데도 최영 장군은 명나라를 과소평가해 전쟁을 선택했다. 이는 곧 친명파를 제거하기 위한 구실이기도 했을 것이다.

최영 장군은 강직하고 청렴했으며, 적과 대치해서도 조금도 두려워하지 않고 용맹했다. 최영 장군은 크고 작은 전투에서 늘 승리를 쟁취했다. 요동 정벌의 실패로 몰락했으나 오로지 고려를 위해 무장의 도리를 다한 그는 확실히 고려 최후의 명장이었다고 평가를 받고 있다.

고려 왕조는 918년 개성 출신 왕건이 건국하여 936년 삼국을 통일한 후 1392년 멸망할 때까지 34명의 왕씨(王氏)가 474년 동안 통치하며 한반도의 중심 세력으로 유지했다. 그러던 중 고려 말기에 와서 여러 가지 요인들이 발생하면서 결국 고려를 망하게 하였다.

이런 상황에서 고려 중앙정부에서는 최영 장군의 주도로 명나라를 징벌하기 위해 요동 정벌을 추진하게 하였으나, 이성계는 현실적인 한계를 들어 강력하게 반대했다. 이성계는 우왕의 명령으로 요동 정벌군을 이끌고 압록강까지 갔으나 위화도에서 군사를 되돌린다. 이후 이성계는 1392년 조선을 건국하게 되었다.

한편 이성계의 위화도 회군에는 여진족의 도움이 컸다. 이성계가 살았던 쌍성총관부(雙城摠管府)는 원래 고려인과 여진족이 섞여 살던 지역이었다. 그래서 이성계의 막하에는 여진족이 많았다. 이처럼 이성계는 북방 지역을 기반으로 성장한 신진 세력이었기 때문에 역성혁명이 가능했다.

3) 조선시대

조선시대는 1대 왕 태조 이성계(李成桂)가 1392년 고려를 무너뜨리고 한양에 도읍하여 조선이라는 나라를 세운 때부터 27대 왕 순종(純宗) 때까지 518년이다. 1910년 8월 29일 일제에 의해 한일합병조약을 강제로 체결한 후 국권을 강탈당한 때까지의 시대를 말한다.

조선 3세 왕 태종(太宗)은 이성계의 5남으로 출생하여 1392년 정몽주(鄭夢周)를 제거하면서 조선 건국에 가장 큰 공을 세웠다. 태종은 1398년 1차 왕자의 난, 1400년 2차 왕자의 난을 거치며 조선 3대 왕으로 즉위했다. 태종은 즉위 17년[1411년] 12월 15일에 박은(朴訔)·조말생(趙末生)에게 서운관에 앉아서 음양서(陰陽書)를 모조리 찾아내어 불태우라고 명(命)하자, 박은(朴訔)·조말생(趙末生)은 서운관(書雲觀)에 간직하고 있는 참서(讖書) 두 상자를 불살랐다.

조선 7세 왕 세조(世祖)는 형 문종(文宗)이 죽고 조카인 단종(端宗)이 보위에 오르자 계유정난(癸酉靖難)을 일으켜 섭정을 맡던 김종서(金宗瑞)를 비롯하여 자신에게 협력하지 않는 인물들을 죽이고 대권(大權)을 잡는다. 즉위 3년[1457년] 5월 26일에는 팔도 관찰사에게 고조선비사(古朝鮮祕詞) 등의 서적을 사처(私處)에서 간직하지 말 것을 명하였다.

조선 8세 왕 예종(睿宗)이 재위하는 동안 1468년 9월 23일에서 1469년 2월 20일까지 섭정을 당하였고, 1469년 2월 20일에서 같은 해 12월 31일 승하할 때까지 친정(親庭)할 수 있었다. 예종은 즉위 1년[1469년] 9월 18일에는 예조(禮曹)에 명하여 모든 천문·지리·음양에 관계되는 서적들을 수거(收去)하게 하였다.

조선 9세 왕 성종(成宗)은 즉위 후 태종(太宗)과 세조(世祖)에 의해 숙청된 사림파(士林派)를 등용하면서, 성리학적 통치 규범을 지키고 왕도정치를 구현하려고 노력했다. 즉위 원년[1470년] 12월 9일에는 여러 도(道)의 관찰사에게 숨긴 자는 처형하라며, 역사 관련 책자를 수거(收去)하도록 하였다. 그리고 즉위 3년에 구월산 삼성당을 삼성사라 고치고, 환인 환웅 단군의 위판을 모시고 제향을 올렸다.

조선 11세 중종(中宗) 때 문헌공(文獻公) 이행(李荇)의 저서 『신증동국여지승람(新增東國輿地勝覽)』에도 최치원이 태조 왕건에게 보낸 편지 내용 중에 "계림(雞林: 신라)은 누른 잎, 곡령(鵠嶺: 고려)은 푸른 솔"이라는 내용이 담겨있다.

이에 앞선 고려 17대 인종(仁宗) 때 김부식(金富軾)의 저서 『삼국사기 2』 46권에 "통일신라 말기에 최치원(崔致遠)이 고려 태조 왕건(王建)의 창업을 미리 알고 이에 일조했다는 역할이 널리 공감대를 얻고 있다"라는 기록도 있다.

최치원은 태조 왕건이 비상한 인물이므로 그가 반드시 천명을 받아 개국할 것임을 알았다. 최치원이 태조 왕건에게 편지를 보내 문안(問安)했는데, 편지 내용 중에 "계림(雞林: 신라)은 누른 잎, 곡령(鵠嶺: 고려)은 푸른 솔"이라는 내용이 담겨있다.

고려 8대 왕 현종(顯宗)이 왕위에 있을 때, 최치원이 태조의 왕업을 남몰래 협찬(協贊)했으니, 그의 공로를 잊을 수 없다 하여 교시를 내려 내사령(內史令)으로 추증했고, 재위 14년[임술년(壬戌年)] 5월에는 문창후(文昌侯)로 노년을 마쳤다."라고 기록하고 있다.

그런데 최치원은 왕건이 세력이 왕성해질 때, 비상한 인물이 반드시 천명을 받아 개국할 것을 알고, 서신 내용 중에 "계림[신라]은 누른 잎이요, 곡령[고려]은 푸른 솔이다"라는 글이 담겨있다.

최치원이 비밀리에 왕건의 새 왕조 개창을 도운 '밀찬조업(密贊祖業)'에 대해 조선 시기에도 진위에 대한 논란이 있었지만, 많은 유학자는 최치원의 행적을 의리론(義理論)으로 평가하였다.

기록을 그대로 수용한 유학자들의 입장으로 보면 긍정적인 행적이 될 수 없었다. 조선 시기 유학자들이 적극 추숭한 고려 말 절의(節義)의 행적과 상반되기 때문이다. 이 내용을 비판한 유학자로는 이익(李瀷)과 그의 제자 안정복(安鼎福)이다.

이익은 최치원은 신라에서 대신으로 활동하였던 사람이다. 그런데 최치원이 고려의 왕업을 비밀히 협찬한 뜻이 있었다면 그것은 패역(悖逆)에 해당하므로 신하답지 못한 행위라고 주장하였다.

안정복은 신하가 지켜야 할 자세는 종묘사직과 운명을 같이 하는 것이요. 나머지 하나는 세상을 등지는 것이다. 그래서 전 왕조에서 포장(襃章)을 하사(下賜)하는 것은 잘못된 것이라고 주장하였다.

조선 22세 왕 정조(正祖) 즉위 5년[1781년]에 삼성사(三聖祠)를 수리하도록 한 후 치제문(致祭文)을 내려보냈다. 치제문에 "빛나는 단군께서 아동(我東)에 처음 나시니 덕(德)이 신명(神明)에 합하였다. 천지개벽을 누가 능히 열 수 있었으리. 오직 이성(二聖)이 있어 상스러움을 발하시어 크게 신명(明命)을 받으셨다. 천부보전(天符寶篆)이 사실적 물증이 없지만, 그 신성(神聖)들이 서로 전수한 것이 동사(東史)에서 일컬어지고 있음이 그 몇 해인가? …" 라는 문장이 있다.

조선 26세 왕 고종 3년[1866년]에 일어난 조선의 마지막 천주교 박해이지만, 천주교 박해 중 가장 규모가 컸으며 이 박해로 병인양요가 일어나게 된다. 이렇게 100여 년 가까이 이어져 온 조선의 천주교 박해는 1886년 조불수호통상조약으로 가톨릭 활동이 '제한적으로' 허용되면서 사실상 막을 내렸다.

조선 왕조는 기본적으로 건국 시기부터 성리학을 국가의 기본이념으로 삼고 그 외의 종교와 사상들은 억압하였다. 흔히 숭유억불(崇儒抑佛)로 설명하지만, 주요 포인트는 '숭유(崇儒)'에 있었다. 즉 '억불'은 전대 왕조였던 고려의 국가 이념이 불교였기 때문일 뿐, 유교 이외의 사상을 조선 왕조에서는 모두 억압하였다.

그리스도교 사상이 이웃한 청나라와 일본에는 '야소교(耶蘇敎)'라는 이름으로 전파될 동안에도 조선에는 쉽게 전파되지 못하였고, 늦게나마 들어온 가톨릭도 위의 숭유사상(崇儒思想)에 의거 일정 이상 퍼지지 못하도록 박해를 가한 것이다. 박해는 총 5번 있었으며 이 5번의 박해로 많은 순교자가 발생하였다.

천주교 교황 요한 바오로 2세는 한국천주교 주교단의 공동 초청으로 1984년 5월 3일부터 7일까지 5일간 공적으로 방문했다. 특히 이번 방한은 한국천주교 200주년 시호를 추증했다.

조선 유학자들은 과거 인물의 행적을 평가할 때 그 사람의 공로와 과

실, 그리고 선악 여부를 중요시하였다. 특히 조선 시기 유학자는 위기의 순간에도 신념을 굽히지 않고 절개와 의리를 지켰다. 그래서 이런 인사들을 추숭(追崇)하였다.

최치원이 활동했던 시기는 통일신라 말기와 후삼국시대로 왕조 말기 혼란기였다. 이러한 격변기에 최치원 같은 지식인의 출처(出處)는 자의든 타의든 간에 후대 사람들에 의해 도식적으로 평가를 받게 되어있다.

최치원의 말년 행적은 명확하지 않지만, 유랑(流浪)과 은둔의 모습으로 그려지고 있다. 실제 여러 지역에 최치원의 자취가 남아 있고, 또 설화가 구전되고 있어 격변기에 처했던 한 지식인의 모습을 짐작할 수 있게 하고 있다.

최자(崔滋)의 보한집(補閑集)에 '신라 왕이 최치원을 처벌하려 하자, 고향 집에서 가족을 데리고 합천 해인사(陜川 海印寺)로 갔다.'라는 기록과 일연(一然)의 삼국유사(三國遺事)에 '황룡사(黃龍寺) 남쪽에 미탄사(味呑寺)라는 절이 있고, 그 미탄사 남쪽에 최치원의 집터가 있다'라는 기록을 볼 때, 격변기 행적을 알 수 있다.

4) 일제강점기

일제의 식민지 정책 첫 번째는 1894~1895년 청일전쟁에서 청나라를 격파하고 대만을 50년 정도 일제 치하에 있었다. 두 번째는 1904~1905년 러일 전쟁에서 일본이 러시아를 격파하고 한반도와 만

주지역에서 영향력을 확보했다. 세 번째는 1910년 대한제국을 강제로 병합하여 조선을 식민지로 만들었다.

대한제국을 식민지로 만드는 데 큰 역할을 한 조선총독부 초대 총독 데라우치 마사타케(寺內正毅)는 "조선인들에게 일본의 혼을 심어야 한다. 그렇지 않고 그들의 민족적 반항심이 타오르게 된다면 큰일이므로 영구적이고 근본적인 사업이 시급하다."라고 하여 조선사 편찬의 필요성을 강조했다.

조선총독부 초대 총독 데라우치 마사타케(寺內正毅)는 대한제국이 일본의 식민지로 귀착될 수밖에 없다는 구실을 만들기 위해, 조선반도사(朝鮮半島史) 편찬 작업을 시작하였으나 방대한 작업에 엄두를 내지 못하고 시일을 끄는 가운데 1919년 3·1 독립운동을 맞이하게 되었다.

민족적 자각과 역사적 각성에 기초한 백성들의 저항에 놀란 일제는 이를 계기로 정치적인 유화정책을 쓰는 한편 역사의식을 깨우쳐 한 민족의 민족정신을 함양하는 온상의 역할을 하는 한민족사 내용에서 민족혼을 뺀 빈 껍질의 역사로 꾸미기 위하여 조선사(朝鮮史) 편찬을 서두르게 되었다.

이리하여 1925년 6월에 칙령(勅令) 제218호로 발족한 조선사편수회는 조선총독부 정무총감(政務總監)을 회장으로 하고 일본과 한국학자를 임명하고 조선사 편수 실무를 담당케 하였다. 조선사편수회는 조선사 편찬을 10개년 사업으로 추진하기로 하고 그 기초 작업으로 사료수집 사업을 대대적으로 진행했다.

그리하여 일본·한반도·만주 각지에서 기록·고문서·사적(史籍)·문집·영정(影幀)·고지도·탁본(拓本) 등을 광범위하게 수집하고 지방사 자료와 개인 소장의 사료를 수집하는 한편 한국과 관계가 깊은 쓰시마(對馬島) 도주(島主)의 고문서 자료를 수집했다.

이런 활동에 따라 1938년 37책으로 구성된 조선사(朝鮮史)가 편찬·간행되었다. 조선사편찬위원회에는 일본인 위원과 한국인 위원이 있었다. 이들 사이에는 고조선 문제나 민족성 배제 문제를 가지고 상당한 논쟁도 있었으나 결국은 조선총독부 의도대로 편찬할 수밖에 없었다.

조선사편수회는 조선사 편수를 위해 수집한 사료 가운데 20종을 택해 조선사료총간(朝鮮史料叢刊)을 간행하였다. 그리고 동시에 3책으로된 귀중한 기록·고문서·사적·필적·화상 등은 사진을 이용한 제판(製版)인쇄 방법으로 조선사료집진(朝鮮史料集眞)이라는 이름으로 묶어 간행하였다.

일제는 1941년 12월 7일 미국 하와이 진주만을 기습 공격하면서 태평양전쟁이 본격화되었다. 이 공격으로 인해 미국은 공식적으로 연합군에 참전하게 되었으며, 이후 1945년 8월 6일과 9일 히로시마와 나가사키에 원자 폭탄을 투하하자, 일제는 8월 15일 무조건 항복을 선언했다.

일본제국(日本帝國)은 19세기 후반부터 군사적·정치적·경제적 수단을 통해 아시아와 태평양 지역의 여러 나라를 식민지화하거나 지배하려는 정책을 펼치며 1868년 1월 3일부터 1947년 5월 2일까지 존속했다. 일본제국은 미 연합군에 항복한 이후 1947년 5월 3일 일본국(日本國)으로 출범하였다.

5) 대한민국 건국 이후

  조소앙(趙素昻)은 상해 임시정부 외무부장이자 한국독립당 이론가였다. 한국 민족해방운동 내부의 좌·우익사상을 지양, 종합하여 독립운동의 기본 방법과 계략 및 미래 조국 건설의 지침으로 삼기 위해 삼균(三均)으로 표현되는 정치, 경제, 교육의 균등을 기반으로 하여 민족 및 국가 간의 균등을 주장한 이론을 주장했다.

  안호상은 1948년 8월부터 1950년 5월까지 대한민국 초대 문교부 장관을 역임하면서 모든 공용문서를 한글로 쓰도록 규정한 법률을 통과시키고, 홍익인간 정신을 근간으로 하는 교육이념을 토대로 한국교육의 방향을 구축하면서 고조선에서 유래하는 상징들이 제도 속에 자리 잡을 수 있도록 하였다.

  해방 직후인 1945년 12월 23일 미 군정의 교육 분야 자문기구인 '조선 교육심의회'가 조직되어 1946년 3월 7일 해산될 때까지 20차례의 전체회의와 105차례의 분과회의를 진행하면서, 정부 수립 이후 교육이념·교육제도 전반에 걸쳐서 기본적인 골격을 갖췄다.

  대한민국 교육기본법 제2조(교육이념)에 교육은 홍익인간(弘益人間)의 이념 아래 모든 국민에게 인격을 도야(陶冶)하고 자주적 생활능력과 민주시민으로서 필요한 자질을 갖추게 함으로써 인간다운 삶을 영위하게 하고 민주국가의 발전과 인류공영(人類共榮)의 이상을 실현하는 데에 이바지함을 목적으로 했다.

대한민국 헌법과 교육기본법

헌법 제31조	모든 국민은 능력에 따라 균등하게 교육을 받을 권리를 가진다.
교육기본법 제2조	교육은 홍익인간(弘益人間)의 이념 아래 모든 국민으로 하여금 인격을 완성하고 자주적 생활능력과 공민으로서 필요한 자질을 갖추게 함으로써 인간다운 삶을 영위하게 하고 민주국가의 발전과 인류공영(人類共榮)의 이상을 실현하는 데에 이바지하게 함을 목적으로 한다.
교육기본법 제4조	모든 국민은 성별, 종교, 신념, 인종, 사회적 신분, 경제적 지위 또는 신체적 조건 등을 이유로 교육에서 차별을 받지 아니한다.

대한민국 교육이념으로서 홍익인간은 사람과 세상을 이롭게 하려면 인격과 실력을 갖춘 인재를 육성해만 한다. 이것이 교육 목표의 의미일 것이다. 따라서 교육은 권력이나 돈과 같은 가치가 아닌, 인간을 위해 봉사하는 활동이어야 한다는 점을 규정하고 있어야 할 것이다.

한민족의 고대사에 관한 책들이 중국과 일본 등 외세의 침탈과 내부의 사대주의자들에 의해 모두 사라지고, 유일하게 남은 정통 사서가 바로 환단고기이다. 그러나 문제는 주류 강단사학자들이 환단고기를 조작된 책이라 평가해 왔기 때문에, 수십 년간 그 사료적 가치를 제대로 인정받지 못하고 있었다. 그 과정은 다음과 같다.

전 국민대 교수 송찬식(宋贊植)은 1977년 중앙월간 9월호에 「위서변」이라는 논문에서 '북애의 저서 규원사화가 혹시 위서가 아닐까'라는 의문을 제기하였다. 그런 이후 환단고기에 대한 사료적 분석은 이도학(李

道學)이 1986년 11월호 민족지성에 「재야 사서 해제 환단고기」라는 제
하의 글이 실렸고, 조인성(趙仁成)이 1988년 「규원사화와 환단고기」라
는 논문이 처음으로 위서론을 제기했다.

위서론자들이 주장하는 내용 중에 청나라와 일제강점기 때 사용된
지명과 단어 때문에 『단군세기』·『북부여기』가 고려말에, 『태백일사』
가 조선 전기에 집필되었다는 것은 거짓말이라고 단정했다. 그리고 일
제강점기 때부터 사용된 근대 용어인 문화(文化)와 문명(文明)이라고 주
장했다.

환단고기가 위서라고 주장하는 논리를 반박할 수 있는 연구와 체계
적인 이론으로 반론을 제기하는 논문들의 발표와 저서들도 있어 쌍방
대치가 현재까지 계속되고 있다. 대표적으로 (사)대한사랑은 『환단고기
위서론에 대한 반론』이라는 책자를 발행했는데, 위서론자들이 주장하
는 100개의 쟁점에 대하여 명백하게 반박하였다.

첫째는 오성취루(五星聚婁) 기록을 천문학적 프로그램으로 검증
되었다.

현대 천문학자들이 단군세기 편에 기록된 단군 13세 흘달(屹達) 50년
'오성(五星)이 루성(婁星)에 모이고'라는 천문현상 기록 내용을 검증하기
위해, 1993년 컴퓨터 프로그램 '천문 소프트웨어'로 확인해 본 결과, 기
록 내용과 일치한다는 결론을 발표한 바 있다. 천문학자들은 '오성취루
(五星翠樓)' 같은 천문현상은 컴퓨터 없이 손으로 계산하는 일은 불가능

하다고 밝힌 바 있다.

고대로부터 천문의 연구와 실측 기록을 많이 남겼으며, 고구려 때는 천문 관측대가 있었고, 신라 때는 첨성대를 만들어 하늘을 관측하였다. 그런 이유는 인간이 최초로 농업을 시작한 이래 고대 국가에서는 농업이 국가와 민생의 명운을 좌지우지하는 중요한 생산 기반이었기에, 천문을 관측하고 매년 있어 온 홍수나 가뭄 등 기상변화를 예측하여 대비하는 것은 국가의 중요한 업무가 되었기 때문이다.

둘째는 1909년경 편집된 등사본 환단고기가 발견되었다.

환단고기의 최초 편찬 작업은 이기(李沂)가 시작하였다고 본다. 이기(李沂)는 자신의 가문에 소장된 역사서들이 유실되지 않도록 역사서를 묶어 편찬하기 위해 제자들을 모아 1909년 3월에 단학회(檀學會)를 창단하고 편찬 작업을 시작하였으나, 1909년 7월 이기(李沂)가 자진 순국함으로써 태백일사의 필사 및 감수를 못 마치고, 1910년 나라가 망하자 환단고기 편찬 작업이 무산되었다.

계연수는 스승 이기(李沂)가 사망하자, 1910년 스승이 갖고 있던 모든 역사서와 이기(李沂)의 감수가 되어있는 등사본을 가지고 묘향산 굴속으로 들어가 환단고기 편찬 작업을 완료하고 스승 이기(李沂)가 감수하였다고 쓰고, '삼상기전 하편'·'태백일사'를 추가하여 30부를 발간하게 되었다.

이렇게 추론하는 이유는 고서 수집가 최현호가 2010년 중고서적 거래상으로부터 등사본 환단고기를 구매 당시 대종교 나철이 1911년 저

술한 단조사고(檀祖事攷)와 같이 구매하였기 때문에, 이기(李沂)가 대종
교 교주 나철(羅喆)과 함께 독립운동을 한 기록으로 볼 때 등사본 환단
고기가 대종교에 전해지다가 해방 후에 고서 시장에 나온 것으로 추정
할 수 있다.

　이러한 과정을 거치며 환단고기는 재야 역사학계와 함께 일반인들도
중요한 역사서로 여기게 되었다. 이에 따라 일부 역사학자와 개인들은
환단고기에서 우리나라의 고대 국가에 대한 역사적 사항과 한민족에서
전해진 전통 사상과 문화 등 다양한 관점에서 많은 연구가 진행되기 시
작하였다.

3. 홍익인간 이념의 미래 전망

1) 우리가 알고 있는 홍익인간 이념

현재 우리가 알고 있는 홍익인간 이념을 이해하기 위해서는 국어사
전에 담긴 "홍익인간"이라는 단어를 이해해야 한다. 국어사전은 국민이
쓰는 말을 모아 일정한 순서로 배열하고, "뜻풀이·어원·품사·다른 말과
의 관련" 따위를 풀이한 내용이 담겨있기 때문이다.

우리나라 최초 국어사전은 문세영이 한글맞춤법통일안을 준수하여
1938년 편찬한 "조선어사전"이다. 문세영은 1917년 일본 동양대학에
서 공부하던 중 우리말 사전이 없다는 수치심에 우리말 어휘를 모으기
시작하여 우리말을 우리말로 풀이한 최초 국어사전의 원고를 1936년
에 완성하였다.

1938년부터 1999년까지 민간출판사나 대학연구소가 한국어 사전
편찬 사업을 주도해 왔으나, 기존 한국어 사전들이 표제어 표기가 불일
치 하는 등 일관되지 않은 면이 있어서 국민에게 혼란을 주었고, 이를
개선하기 위해 표준국어대사전(標準國語大辭典)을 편찬하게 되었다.

표준국어대사전은 국립국어원에서 표준어 규정, 한글 맞춤법 등의 어
문 규정을 신중하게 준수하여 발행한 한국어 사전이다. 표준국어대사
전은 국가 예산을 지원받아 92년 8월부터 99년 8월까지 이름난 국어

학자 500여 명을 참여시켜 1999년 10월 1일 초판본이 출간되었다.

표준국어대사전에는 "홍익(弘益)이라는 단어는 [명] ① 큰 이익. ② 널리 이롭게 함. (비)광익(廣益)"이라고 기록되어 있고, 그리고 "홍익인간(弘益人間)이라는 단어는 [명] 널리 인간을 이롭게 함. 단군의 건국이념으로서 우리나라 정치, 교육, 문화의 최고 이념이다. 《삼국유사》 고조선 건국 신화에 나온다."라고 기록되어 있다.

일제(日帝)에 의해 번역된 홍익인간(弘益人間)은 "인간을 널리 이롭게 하다"라고 번역되고 있다. 이 번역을 우리말의 어의(語義)에 합당한가를 비교 검토해 보면, 홍(弘) 자(字)는 "크다". 익(益) 자(字)는 "돕다"이다. 우리말에는 "크게 돕는다"라는 뜻이 담겨있는 것이다.

2) 미래를 대비한 홍익인간 이념 정립 필요

언어는 그 민족정신이 담겨있는 그릇이라고 할 수 있다. 즉 언어에서 그 민족 정서를 엿볼 수 있다는 뜻이다. "돕다"의 의미는 인간사의 필연이다. 도움도 없이 살아가는 사람은 지구상에 한 사람도 없을 것이다. 즉 홍익인간은 서로 크게 도움을 주고받으며 덕(德)을 쌓는 인간사를 말하는 것이다.

그런데 일제(日帝)는 자신들의 정치적 의도에 따라, 전체 부분[일신강충(一神降衷)·성통광명(性通光明)·재세이화(在世理化)·홍익인간(弘益人間)]

에서 상당한 부분을 빼버리고 홍익인간(弘益人間)만 일어(日語)의 말뜻에 따라 "널리 이롭게 하다"라고 번역했다. 우리말과 일어의 차이점을 다음과 같이 비교해 보았다.

"홍(弘)·익(益)" 자(字)에 대한 비교표

홍(弘)	우리말	크다[대(大)].	물체의 부피·높이·면적 등의 상태. [입체적인 표현]
	일본어	넓다[광(廣)].	바닥 면적의 상태. [평면적인 표현]
익(益)	우리말	돕다.	잘되도록 힘을 보태다. [직접적이고 적극적인 행동]
	일본어	이롭다.	이익이 있다. [간접적이고 소극적인 행동]

역사를 잃으면 그 민족 고유의 정선과 민족혼이 사라지게 되면서 그 민족의 존립 자체가 위험에 처하고 많다. 그리고 선조들이 사용하던 언어에 어떠한 정서가 담겨있는지 이해해야 한다.

우리가 홍익인간 정신을 논하려고 하면 홍익인간의 근원이 어디에서 시작되었고 어떤 의미로 사용되었는지를 살펴봐야 한다. 홍익인간을 설명한 문헌은 환단고기에서 자세히 설명되어 있다.

첫 번째 기록은 인류의 조상은 나반(那般)이시다. 나반께서 아만(阿曼)과 처음 만나신 곳은 송화강(松花江)이다. 두 분이 꿈에 천신(天神)의 가르침을 받고 스스로 혼례를 올리시니 환족(桓族)의 모든 족속이 그 후손이다. 만백성의 우두머리가 된 환인은 돌을 부딪쳐 불을 피워 음식을 익혀 먹는 법을 처음으로 가르쳤다.

백성들은 풍요로웠고 인구도 많아졌다. 초대 환인(桓仁) 안파견(安巴堅)은 천산(天山)에 거처하며 도(道)를 깨쳐 장생하시니 몸에는 병이 없었다. 하늘을 대행하여 널리 교화를 베풀어 사람들끼리 싸움이 없게 하셨다. 모두 힘을 합해 열심히 일하여 스스로 굶주림과 추위를 사라지게 하였다.

두 번째 기록은 환국 말기에 지위리(智爲利) 환인(桓仁)이 삼위산(三危山)과 태백산(太白山)을 내려다 보시며, "두 곳은 모두 홍익인간을 펼 수 있는 곳이다. 과연 누구를 보내는 것이 좋을까?"라고 하자, 오가 우두머리들이 서자부(庶子部)에 환웅(桓雄)이란 인물이 있는데, 용기와 어짊과 지혜를 겸비하고 있다.라고 하자,

지위리(智爲利) 환인께서 환웅에게 천부(天符)와 인(印)을 주시며 명하였다. "이제 인간과 만물이 이미 제자리를 잡아 다 만들어졌으니, 그대는 노고를 아끼지 말고 무리 3천 명을 이끌고 가서, 새 시대를 열어 가르침을 세우고 세상을 진리로 다스리고 깨우쳐서 이를 만세 자손의 큰 규범으로 삼을지어다.라고 말씀하였다.

세 번째 기록은 배달국 5세 환웅 태우의(太虞儀)의 열두째 아들 태호복희(太昊伏羲)는 "대저 홍익인간 이념은 환인 천제께서 환웅에게 전수하신 가르침이다. 일신강충(一神降衷)하사, 성통광명(性通光明)하니, 재세이화(在世理化)하야, 홍익인간(弘益人間)"의 가르침은 신시 배달이 단군

조선에 전수한 심법이라고 밝혔다.

사람의 도(道)는 천도(天道)의 원만함을 본받아 원만해지며, 지도(地道)의 방정함을 본받아 방정해지고, 천지와 합덕(合德)하여 영원한 큰 광명의 존재가 되나니, 하늘을 창조의 본체로 하고, 땅을 변화의 작용으로 하여 모습이 없는 것에서 우주 만물의 실상을 아는 것이니, 이것이 하늘의 이치이다고 밝혔다.

네 번째 기록은 고조선 11세 단군 도해(道奚)는 환국으로부터 내려온 문화의 진리를 깨달아 마음에 새기고 생활화하여 환국의 진정한 백성이 되라는 글이라며, 배달시대의 16자로 정리된 홍익인간의 가르침을 염표문(念標文)에 담아 천지인(天地人)의 삼위일체(三位一體)의 도(道)로써 완성하였다.

염표문(念標文) 전문

하늘은 아득하고 고요함으로 광대하니
하늘의 도(道)는 두루 미치어 원만하고
그 하는 일은 참됨으로 만물을 하나 되게 함이니라.

땅은 하늘의 기운을 모아서 성대하니
땅의 도(道)는 하늘의 도를 본받아 원만하고
그 하는 일은 쉼 없이 길러 만물을 하나 되게 함이니라.

사람은 지혜와 능력이 있어 위대하니

사람의 도(道)는 천지의 도(道)를 선택하여 원만하고

그 하는 일은 서로 화합하는 사회를 만드는 데 있느니라.

그러므로

하늘이 참마음을 내려 주셔서

사람의 성품은 하늘의 마음과 통해 있으니

하늘의 가르침으로 세상을 다스리고 깨우쳐

인간끼리 도움을 주고받으며 덕(德)을 펼쳐라.

다섯 번째 기록은 을지문덕(乙支文德) 장군은 "도(道)로써 천신(天神)을 섬기고, 덕(德)으로써 백성과 나라를 감싸 보호하라. 나는 천하에 이런 말이 있다는 것을 안다."라고 말하였다.

도통(道通)의 요체

사람이 삼신일체(三神一體)의 기운을 받을 때, 성품과 목숨과 정기로 나누어 받나니, 우리 몸속에 본래 있는 조화의 대 광명은 환히 빛나 고 요히 있다가 때가 되면 감응하고, 이 조화의 대 광명이 발현되면 도(道)를 통한다.

도(道)를 통하는 것은, 삼물(三物)인 덕(德)과 지혜(智惠)와 조화력(調和力)을 몸으로 체득하여 실천하고, 삼가(三家)마음과 기운과 몸의 조화를 성취하며, 삼도(三途)인 느낌과 호흡과 촉감이 언제나 기쁨으로 충만하여 이루어지는 것이다.

도(道)를 통하는 요체는 날마다 염표문(念標文)을 생각하여 실천하기에 힘쓰고, 세상을 신교(神敎)의 진리로 다스려 깨우쳐서, 삼도(三途)의 십팔경(十八經)을 고요히 잘 닦아 천지 광명의 뜻과 대 이상을 지상에 성취하는 홍익인간이 되는 데 있다.

만물은 탄생하기 이전에 우주 본성에서 머물다가 나왔다. 우주 본성에 따라 생명의 씨앗인 정(精)이 생겨나서 생명이 탄생하게 된 것이다. 이 과정을 성명정(性命精)이라 하며, 이렇게 생겨난 정(精)은 정기신(精氣身)의 원리를 통해 다시 성(性)의 자리로 되돌아가게 된다. 이것이 생명의 순환 구조(構造)이다.

사람의 조화 원리를 인체[身]와 마음[心], 그리고 이 둘을 이어주는 기(氣)로 구분하여 심기신(心氣身)이라고 하였다. 마음[心]은 우주 본성에 의지하여 선악(善惡)을 이루나니 착하면 복이 되고 나쁘면 화(禍)를 입는다. 기운[氣]은 생명에 의지하는 것으로 청탁을 이루나니 맑으면 오래 살고 흐리면 단명한다. 몸[身]은 정기에 의지하는 것으로 후박을 이루나니 두터움은 귀하고 엷음은 천하다.

사람은 우주의 목적과 이상을 실현(實現)하기 위해서는 사람이 사물과 접촉하는 경계를 따라 느낌과 호흡과 촉감 작용이 일어나고, 삼진(三眞: 본성과 생명과 정기)과 삼망(三妄: 마음과 기운과 몸)이 서로 이끌어 삼도(三途: 느낌과 호흡과 촉감)작용으로 갈라진다. 그래서 느낌과 호흡과 촉감을 다스려 우주 본원의 자리로 다가가라고 한 것이다.

홍익인간은 관념이나 감정을 잘 다스려 생명의 가치와 본성을 밝혀 우주 의식으로 생활화하면서, 인간이 지켜야 할 사리(私利)와 도리(道理), 참가치를 상식으로 알고 실천하는 사람이다.

올바른 홍익인간 정신

하늘에서 참마음을 내려주니, 사람의 마음도 하늘과 통해 있음을 깨우쳐, 어질고 올바른 마음으로 서로 도움을 주고받는 사람.

홍익인간
이념이 담긴
생활환경 조성

1. 홍익인간 이념이 담긴 문화 환경

동양에서 문화(文化)는 한 사회의 개인이나 인간 집단이 자연을 변화시켜온 물질적·정신적 과정의 산물이다. 서양에서 문화는 경작·재배 등을 뜻하는 라틴어에서 유래했는데, 정치나 경제·법과 제도·문학과 예술·도덕·종교·풍속 등 인간의 모든 산물이 포함되어 있다.

그리고 문화(文化)는 담론(談論)에 따라 "교양으로서의 문화·진보로서의 문화·예술 및 정신적 산물로서의 문화·상징체계 혹은 생활 양식으로서의 문화" 등으로 다양하게 정의된다. 문화의 본질적 기능은 사회의 재생산이며 긴 기간을 통해 변동해 가는 특징을 지니고 있다.

모든 만물의 개체는 모두 우주의 섭리에 따라 이루어져 있다. 그래서 인간의 신체 구조가 우주의 구조와 같아 생존의 원리도 우주의 존재 원리와 같다. 그러므로 우주의 원리를 따르지 않으면 안 된다는 논리가 성립하게 되는 것이다.

우리가 바라보는 창공 저 멀리에 있는 태양은 한없이 뜨거운 에너지를 유지하며, 생물들에게 빛과 열을 전달해 주고 있다. 태양은 어떻게 한없는 에너지를 유지하고 있을까? 이처럼 조화 원리가 아니라면 우주 그 자체가 존재할 수 없게 되어있다.

예를 들어 인간의 몸속에 있는 심장은 언제나 뜨거운 에너지를 인체의 혈관에 공급하고 있다. 그리고 심장은 간장으로부터 피를 공급받는다. 그리고 간장은 췌장으로부터 췌장은 위장으로부터 각각 다른 에너지를 전달받는다.

이러한 과정에서 심장의 뜨거운 피가 신체의 혈관을 순환해 주어 수많은 신체의 세포가 생존하며 활동하고 있는 것을 본다. 이처럼 태양도 모든 위성으로부터 에너지를 공급받고 있다는 사실을 알 수 있다.

인간의 몸이 건강하다는 것은 모든 신체적 조건이 원만하게 작동되며 신진대사를 정상적으로 할 수 있기 때문이다. 그렇지 못하고 지나친 활동이나 지나친 과식과 과음은 신체적 조화를 잃고 신진대사의 불균형을 유발할 수 있다.

우주에 존재하는 모든 개체가 스스로 활동하는 가운데, 서로가 도와주거나 도움을 받으며 조화롭게 생활하는 그런 원리를 품고 있다. 다만 지나침과 모자람을 서로 보완하는 현상은 있다. 조화라는 뜻은 서로 알맞게 이루어지는 것이다.

1) 전통문화

전통문화란 그 나라에서 발생하여 전해 내려오는 그 나라 고유의 문화를 말한다. 전통문화는 그 민족의 과거와 현재, 그리고 미래를 연결하는 수단으로 대외적인 이미지를 높이는 데 이바지할 수 있다.

우리의 전통문화를 이해하기 위해서는 우리 전통문화가 어떤 요소와 원리에 의해 구성되는가 하는 이유와 원리를 알아야 한다. 현재 각종 문헌에 나타나는 사상들을 보면 천지인(天地人) 삼재론(三才論)과 역사상(易思想)과 음양오행론(陰陽五行論)의 세 구성요소로 정리할 수 있다.

(1) 천지인(天地人) 삼재론(三才論)

천지인 사상에는 삼재가 함께 공존 번영할 수 있는 조화점을 깨닫게 함으로써, 너와 나 모두가 함께 이로운 조화세계의 완성을 추구한다는 이론이다. 인간과 자연의 조화 속에서만이 인간도 자연도 그 가치를 실현하고 완성되어 가는 것이다. 이것 또한 생명 순환의 대원리를 담고 있기도 하다.

그리고 천지인 사상은 국가와 국가, 민족과 민족이 지구를 중심으로 조화하자는 인류 정신, 도(道)의 사상, 지구인 정신이다. 자연과의 조화뿐 아니라 인종과 국가·민족이 조화로울 때 진정한 인류평화를 실현할 수 있다. 이러한 조화와 화합하는 대원리이며 철학이다.

창세기와 단군고기(檀君古記)에 도출된 민족정신 속에서 가장 명확한 특징 중 하나는 천지인을 하나로 보는 삼일정신(三一精神)이었다. 세계가 이 세 가지의 하부 조직으로 구성된다는 이론을 삼재론(三才論)이라고 한다. 삼신(三神)·삼태극(三太極)·삼족기(三足器)·삼족오(三足烏)·삼성각(三聖閣) 등으로 대표되는 우리 문화는 이런 삼재론에 기반을 두고 있음을 알 수 있다.

(2) 역사상(易思想)

환역(桓易)은 중국의 역학과 다른 우리나라 고유의 역학(易學)을 말한다. 역학은 환역과 복희역(伏羲易)과 주역(周易) 세 종류로 나눌 수 있다. 환역과 복희역과 주역은 각기 원(圓)과 방(方)과 각(角)으로, 천지리(天之理)와 천지체(天之體)와 천지명(天之命)을 표현하고 있다.

환역(桓易)은 체원용방(體圓用方), 즉 둥근 하늘을 창조의 본체로 하고, 땅을 변화의 작용으로 하여 모습이 없는 것에서, 우주 만물의 실상을 아는 것이니, 이것이 하늘 이치이다.

희역(羲易)은 체방용원(體方用圓), 즉 지구를 변화의 본체로 하고, 하늘을 변화 작용으로 하여 지구의 모습이 있는 것에서, 천지(天地)의 변화를 아는 것이니, 이것이 하늘 실체이다.

주역(周易)은 호체호용(互體互用), 즉 체와 용을 겸비하여 있다. 사람의 도(道)는 하늘의 원만함을 본받아 원만해지며 지구의 바름을 본받아 바르고 점잖아지고, 하늘과 지구가 합덕(合德)하여 하나 됨으로써 영원한 대 광명의 존재가 되나니, 이것이 하늘 명령이다.

원[○]과 방[□]과 각[△]은 우주 만물이 생성하고 순환하는 자연의 법칙을 형상화한 것으로, 우주의 중심에서 만물이 시작되고 끝나는 이치를 잘 드러내 주고 있다. 따라서 윷판과 윷놀이는 우리 민족 고유의 역학 체계를 잘 보여주는 소중한 문화유산이라 하겠다.

(3) 음양오행론(陰陽五行論)

음양(陰陽)은 음(陰)과 양(陽)이라는 두 가지 상반된 힘의 균형에 의해, 우주의 만물과 현상들이 서로 상생(相生)과 상극(相剋)의 보완과 변화를 통해 순환하는 원리이다. 오행(五行)은 목(木)·화(火)·토(土)·금(金)·수(水)로 구성된 원소로 독특한 특성과 에너지를 지니고 있다.

음양오행(陰陽五行)은 동양철학의 근본적인 사상으로, 세계관과 인간관계를 형성하는 데 큰 영향을 미치고 있으며, 특히 건축 및 도시계획을 수립할 때, 자연과의 조화를 고려한 공간 배치, 그리고 생활방식에서도 만물의 조화와 균형을 유지하기 위해서 음양오행의 원리를 적용하고 있다.

음양오행설은 본래 동이족의 삼원오행설(三元五行說)에서 파생된 상생 상극의 원리다. 삼원오행설은 무엇이 맞고 그르다는 논리에서 벗어난 중도(中道)의 눈으로 조화를 꾀하고 통합하는 사상이다. 기존의 상생이 아니면 상극이라는 이원론적인 문화를 극복하고, 삼원(三元) 문화를 창조하는 원리이다.

음양론	삼재론		오행론	
양(陽)	천(天)	우주 현상	목(木)	추력 상생의 원리로서 신장, 팽창, 창안으로 상징됨.
			화(火)	에너지의 근원으로서 확산, 정열, 경쟁의 작용으로 상징됨.
	지(地)	자연 현상	토(土)	중심축 및 조정의 원리로서 조화, 통일, 통제의 작용으로 상징됨.
음(陰)			금(金)	인력 하강의 원리로서 고체, 성숙, 결실의 작용으로 상징됨.
	인(人)	만물 현상	수(水)	생명의 근원으로서 '수축, 냉정, 평등'을 상징됨.

2) 생활문화

생활문화란 삶을 살아가면서 만들어내는 문화를 통틀어 이르는 말이다. 삶을 풍요롭고 편리하고 아름답게 만들어가고자 사회구성원에 의해 습득, 공유, 전달되는 행동 양식 내지 생활 양식의 과정 및 그 과정에서 이룩해 낸 물질적, 정신적 소산을 뜻하기도 한다.

(1) 세시풍속

세시풍속은 음력 정월부터 섣달까지 해마다 같은 시기에 반복되어 전해오는 전승의례이다. 옛날 제천의례를 바탕으로 삼국시대에 세시풍속 골격이 형성되었고, 고려는 "설날·정월 대보름·삼짇날·한식·단오·추석·중양절·팔관회·동지" 등 9대 명절이, 조선은 설날·한식·단오·추석 등 4대 명절이 있었다.

삼국시대에 역법이 도입되면서 삼국은 나름의 특성과 공통점을 갖게 된다. 이시대의 세시풍속 자료는 삼국사기(三國史記)·삼국유사(三國遺事)를 통해 찾아볼 수 있다. 그리고 7세기에 나온 중국의 역사서 수서(隋書)·당서(唐書)·북사(北史) 등에도 우리의 세시풍속이 기록되어 있다.

고려시대에는 오늘날 논의되는 세시풍속이 거의 모두 존재했다. 『고려사』에는 고려 9대 명절로 원단(元旦; 정월 초하루)·상원(上元; 정월 대보름)·상사(上巳; 후에 삼짇날이 됨)·한식(寒食)·단오(端午)·추석(秋夕)·팔관(八關)·동지(冬至)·중구(重九)를 소개하고 있다. 고려 때에만 세시풍속이 행해진 것은 아니다.

　조선시대 세시풍속은 홍석모의 동국세시기(東國歲時記)를 통해서 그 다양함을 짐작할 수 있다. 조선시대는 한식이 설날·단오·추석과 더불어 4대 명절의 하나였으며, 동지를 더하여 5대 명절로 여기기도 하였다. 그렇다고 다른 명절이 약화(弱化)된 것은 아니다.

① 봄 절기[입춘·우수·경칩·춘분·청명·곡우]의 풍속

　우리의 사계절은 음력을 기준으로 정월부터 3개월 단위로 나눈다. 정월은 농한기여서 농사를 예측하는 세시풍속이 다양하게 행해졌다. 봄철의 대표적인 의례는 설날의 차례와 성묘, 정초의 안택 고사, 대보름의 액막이를 위한 고사 또는 용궁 맞이를 들 수 있다.

　정초에 즐기는 놀이로는 윷놀이·널뛰기·연날리기·승경도(陞卿圖)·돈치기, 그리고 마을 공동으로 하는 지신밟기를 들 수 있다. 특히 지신밟기는 1년간의 제액초복(除厄招福)을 위해 대지(垈地)의 지신에게 올리는 의례였지만 점차 놀이로서의 성격이 강해졌다.

② 여름 절기[입하·소만·망종·하지·소서·대서]의 풍속

　여름철의 명절로는 대개 4월 초파일(初八日)·5월 단오(端午)·6월 유두(流頭)를 들 수 있다. 원래 연등은 기농(祈農) 행사로서 고조선에 이어 신라시대에도 동짓날이나 대보름에 행하여져 왔으나, 불교가 성행한 고려시대에 이르러 초파일 행사로 굳어졌다.

여름철은 곡식이 한창 성장할 시기로 농부들에게는 한가할 틈이 없다. 시간을 많이 내야 하는 놀이 쪽보다는 시절식(時節食)이 즐겼던 것은, 여름철에는 온갖 채소·과실·어류 따위가 풍부하였고, 농부들의 지친 몸을 보양하기 위한 지혜로 볼 수 있다.

③ 가을 절기[입추·처서·백로·추분·한로·상강]의 풍속

가을은 음력 7월부터 9월까지이다. 7월 초이레 칠석은 양수인 홀수 7이 겹치는 날로 길일에 해당한다. 칠석날에는 수명신(壽命神)으로 알려진 '북두칠성'께 수명장수를 기원한다. 이날 각 가정에서는 고사를 지내거나, 장독대 위에 정화수를 떠놓고 가족의 무병장수와 가내의 평안을 빌었다.

가을철 놀이는 추석에 크게 벌어진다. 추석은 정월 대보름, 6월 보름 유두, 7월 보름 백중과 함께 보름 명절이다. 보름 명절 가운데서도 정월 대보름과 추석은 그중 큰 명절이다. 추석에는 강강술래·줄다리기·지신밟기·가마싸움·차전놀이·탈놀이 등을 한다.

④ 겨울 절기[입동·소설·대설·동지·소한·대한]의 풍속

겨울은 음력 10월부터 12월에 해당한다. 시월은 상달[上月], 곧 으뜸의 달이다. 이달에 특별한 명절은 없지만, 시월 자체가 중요한 달로서 각종 제례가 집중되어 있다. 고대 초기 국가 무천(舞天)에서 10월 제천의례(祭天儀禮)를 행했는데 그 전통이 이어오는 것으로 볼 수 있다.

동짓날 팥죽을 쑤는 유래담이 있다. 옛날 공공씨(共工氏; 중국 요
순시대 형벌을 맡았던 관명에서 변한 성씨의 사람)라는 사람이 재주 없
는 아들이 있었는데, 그 아들이 동짓날 숨져 역귀(疫鬼)가 되었다. 그
아들이 생전에 팥을 두려워했으므로 동짓날 팥죽을 쑤어 물리쳤다
고 한다.

전통사회에서 세시풍속은 생기를 북돋우고, 활력을 주는 생활의 마디
가 되어 왔다. 그래서 공동으로 행해지는 세시풍속은 신명을 푸는 축제
와 같은 행사이기도 했다. 명절에는 이제까지 일하는 동안의 긴장을 풀
고 여유로운 시간을 갖는다. 이 휴식은 다음 일을 더욱 힘차게 할 수 있
는 충전의 효과가 있기 때문이다.

(2) '짝자꿍' 놀이에 담긴 오묘한 이치

'짝자꿍' 놀이는 '도리도리 짝자꿍·건지곤지 짝자꿍·주앙주앙 짝자꿍'
세 가지 종류가 있다. '짝자꿍'은 두 손이 만나서 짝짝 소리를 내며 합궁
(合宮)한다는 뜻이며, 궁(宮)은 어머니의 자궁(子宮)으로 생명이 태어나는
자리이다. 인간은 어머니 자궁에서 태어나 깨달음을 얻고 조화궁(造化
宮)으로 들어가게 되어있다.

'짝자꿍'은 두 손이 맞추어져서 짝짝이 되듯이 세상의 이치도 합궁으
로 이루어진다. 하늘과 땅이 만나 '짝자꿍'이 되어 천지 만물이 생기고,

부부가 만나 '짝자꿍'이 되어 자식이 태어난다. 따라서 선도 용어로 '하나로 이루어짐·조화·접합'을 짝자꿍이라 한 것이다.

첫 번째 도리도리(道理道理)에 있다.

'도리'란 사람이 마땅히 행해야 할 바른길이며, 도리와 도리가 '짝자꿍'이 되어야만 인간완성을 이룰 수 있다는 뜻이다. 도리도리[목운동]와 짝자꿍[박수]을 통해 두뇌가 개발되고 손바닥의 혈이 여리며 내장기관이 건강해진다. 지금은 '도리와 비도리' 혹은 '비도리와 비도리'가 만나니 도리를 지키는 사람들은 힘들 수밖에 없다.

두 번째 건지곤지(乾指坤指)에 있다.

'건지곤지'에서 건(乾)은 하늘이고 곤(坤)은 땅을 말한다. '짝자꿍'은 하늘과 땅을 알고 그 뜻을 보존하여 지킨다는 뜻이며, 곧 천도의 이치를 알려 주고 있다. 지금은 '곤지곤지'로 변했는데, 손가락으로 손바닥 한가운데에 있는 장심(掌心)을 번갈아 자극한다. 장심을 자극해 주면 소화가 잘되어 아이들이 건강하게 자라게 된다.

세 번째 주앙주앙(主仰主仰)에 있다.

주앙(主仰)은 몸집 안의 주인인 신성(神性), 즉 조화주(造化主)를 믿으라는 뜻이다. 사람 안에 조화주가 이미 내려와 계심을 믿고 신성(神性)을 더 크고 밝게 키워야만 조화궁(造化宮)에 들어간다는 것이다. 손가락이 안으로 굽혀지듯이 오행이 천도에 따라 중심으로 모였다가 분산된다는 의미가 담겨있다.

두 손이 맞추어져서 짝짝이 되듯이 세상의 이치도 합궁으로 이루어진다. 하늘과 땅이 만나 '짝자꿍'이 되려면 음양이 있어 조화점을 찾아야 한다. '짝자꿍'은 천지조화의 원리를 담은 말이다. 그래서 '짝자꿍'놀이는 인간완성을 위한 수련 방법이다. 선도(仙道)에서는 이런 유희를 통해 심오한 철학과 건강원리를 가르쳐준 것이다.

세 가지 종류의 '짝자꿍' 놀이 모두 손바닥을 활용한다는 공통점이 있다. 손은 신체 부위 중 특별히 민감한 부위로 외부와의 기적 교류가 이루어진다. 손에서 일어난 진기(眞氣)는 폐경·소장경·심포경·대장경으로 들어가면서 온몸에 기적 자극을 주어 탁기(濁氣)를 내보내고 맑은 기운을 받아들인다.

손바닥 한가운데 있는 자리를 장심(掌心)이라고 한다. 손바닥의 장심혈(掌心穴)을 활성화하면 체내의 탁기(濁氣)를 내보내고 외부의 맑은 기운을 받아들일 수 있다. 수련 방법은 장심혈에 의식을 집중하여 손바닥의 느낌을 찾아내면 된다. 이 장심을 통해 기(氣)를 터득하게 되면, 가슴의 화기(火氣)를 빼낼 수 있다.

음양(陰陽)이 조화를 이루어 근본 자리인 궁(宮)에 들어간다는 뜻으로, 자연의 이치와 인체의 건강원리를 연결하여 생명 본연의 모습을 회복할 수 있다.라는 진리가 담겨있다.

(3) 참 나를 알아 가는 즐거움, 아리랑

아리랑(我理朗)은 한민족 전통 민요로 인간완성의 철학이 담긴 노래다. 아리랑을 흔히 남자에게 버림받은 여인의 한 맺힌 슬픔을 표현한 노래라고 알고 있다. 하지만 아리랑의 참뜻은 '깨달은 이가 부르던 오도송(悟道頌)'으로, 그것은 본성을 아는 기쁨이며, 깨달음을 위한 노래이며, 성통(性通)의 환희를 표현한 노래다.

<아리랑 타령>

아리랑 아리랑 아라리요 아리랑고개를 넘어간다.
나를 버리고 가시는 임은 십 리도 못 가서 발병 난다.

얼이랑 얼이랑 얼아리요 얼이랑 고개를 넘어간다.
얼을 버리고 가시는 임은 십 리도 못 가서 발병 난다.

울이랑 울이랑 울아리요 울이랑 고개를 넘어간다.
울을 버리고 가시는 임은 십 리도 못 가서 발병 난다.

아리랑(我理朗)의 유래를 살펴보면, ① '나는 사랑하는 임을 떠난다'라는 뜻이 담겼다는 설 ② 아랑 낭자의 억울한 죽음을 애도한 노래에서 나왔다는 설 ③ 박혁거세의 아내 알영부인을 찬미한 말에서 나왔다는 설 등이 있다. 이 밖에도 여러 발생설이 있으나 모두 확실한 근거는 없다.

아리랑이 담고 있는 의미를 살펴보면, 아(我)는 '참나'를 의미하며, 리(理)는 '사람이 지켜야 할 길'을 뜻하며, 랑(朗)은 '환하고 맑음'을 의미한다. 얼은 '정신·넋'을 의미하며, 울은 '우리'의 준말이다. 그 뜻을 풀어보면 '참 나를 깨달아 완성의 이치를 따라가는 여정(旅程)'을 표현한 노래라고 할 수 있다.

'아리랑고개를 넘어간다'라는 가사는 '내가 깨달음의 경지에 도달한다'라는 뜻이 있다. '나를 버리고 가시는 임'이라는 가사는 '욕망과 집착에 빠진 사람'을 말한다. '십 리도 못 가서 발병이 난다'라는 가사는 '조화의 자리에 이루지 못하고 타락하게 된다'라는 뜻이 담겨있다.

아리랑의 아(我)는 본성(本性)과 신성(神性)을 상징하는 음(音)으로, 무한세계와 이어지는 파동이 있다. 몸 안에 있던 파동이 입 밖으로 자연스럽게 나올 때, 이런 의미를 느끼고 부르면 무한한 영적 힘을 얻을 수 있다. 이런 아리랑의 특성을 이용하여 전신의 기운을 순환시켜 줄 수 있다.

아리랑의 랑(朗) 소리에는 마음을 명랑하고 밝게 하는 외향적인 진동음이 발생한다. 내부지향적인 음(音)인 '아(我)'와 외부지향적인 음(音)인 '랑(朗)'이 서로 어우러져 기적(氣的) 상태가 정상화되면, 백회혈(百會穴)이 열리고 수승화강(水昇火降)이 이루어져 욕망과 감정을 조절할 수 있도록 하는 힘이 생긴다.

선가(仙家)에서는 배달국 환웅 천황께서 아리랑 노래를 백성들에게 전했다고 한다. 아리랑을 자주 부르면 단전에 힘이 생겨 단전호흡이 저절로 된다. 이때 단전으로 큰 기운이 들어와 슬픈 마음이나 외로운 마음이 없어지고, 머리와 가슴의 열이 단전으로 내려가 편안한 상태가 된다.

그래서 한민족은 기쁘거나 슬플 때 아리랑을 불렀다. 아리랑을 흥겹게 부르면 잔칫날에 불러도 어울리고, 슬프게 부르면 장송곡으로 불러도 어울린다. 아리랑은 근본 자리에서 나온 것이라, 그 속에는 천도(天道)의 이치가 있고, 생사가 있고, 선악이 있고, 기쁨과 슬픔이 함께 자리 잡고 있다.

아리랑 노래에는 우주와 나를 하나로 이어주는 맥(脈)이 있다. '아'는 하늘이고 '리'는 땅이고 '랑'은 사람을 뜻하여 천지인이 합일되어 통한다는 의미를 담고 있다. '얼'은 한민족의 얼을 뜻하며 울은 좁게는 개인의 울타리, 크게는 지구촌 전체, 더 나아가 전 우주를 지칭한 것이다.

한민족은 이러한 인간완성의 법맥(法脈)으로 홍익인간(弘益人間)·재세이화(在世理化) 정신을 편 것이다.

(4) 홍익인간에 대한 올바른 이해

표준국어대사전에 '홍익인간'(弘益人間)은 "널리 인간을 이롭게 함. 단군의 건국이념으로서 우리 민족 정치·교육·문화의 최고 이념이다. 삼국유사에 고조선 건국 신화에 나온다."라고 기록되어 있다. 홍익인간(弘益人間) 사상은 천지인 사상에 근원을 둔 천부경의 핵심 사상으로, 홍익인간은 심신이 건강한 사람으로 참사랑을 실천하는 사람이다. 이런 사람들의 가치가 구현된 사회를 이화세계(理化世界)라 한다.

① 홍익인간 이념의 형성 과정

맨 처음 인간들은 샘터에서 물을 먹고 살았다고 한다. 이때 사람들은 피와 기운이 맑아져 스스로 조화를 이루어, 사물의 본질이나 이치를 느끼고 깨우치게 되어 오고 감이 자유로운 생활을 누렸다.

사람들이 조금씩 늘어나자 샘터 물이 부족하여 배가 고파 어지러워서 쓰러지자, 사람들은 열매를 먹게 되었고, 열매를 먹은 사람들은 피와 살이 탁해지고, 심기가 혹독해져서 마침내 천성을 잃게 되었다.

열매를 먹은 자들은 모두 사방으로 흩어져야 했다. 이때 이들을 불쌍히 여긴 황궁씨(黃穹氏)가 말하기를 여러분의 미혹함이 심히 크다며 스스로 마음과 행실을 바르게 닦아 미혹함을 깨끗이 씻어 내는 노력을 하라고 당부했다.

오랜 세월이 흘러 많은 사람을 거느리는 우두머리를 환인(桓因)이라고 했다. 환인이라 부른 이유는 나라를 다스릴 때 밝고 맑은 마음으로 널리 이로움을 베풀었고, 특히 사람을 도와줄 때는 어진 마음으로 임하였기 때문이라고 한다.

환인이라 부르는 이유는 널리 이로움을 베풀어 사람을 구제하고, 큰 광명으로 세상을 다스려 맡은 바 임무를 수행함에 반드시 어진 마음으로 하였기 때문이고, 안파견은 하늘을 받들어 지상에 부권을 세운다는 의미로 '아버지'라는 뜻이 담겨있다.

환국 7세 환인(桓仁) 지위리(智爲利)는 삼위산(三危山)과 태백산(太白山)을 내려다보시며 "모두 인간을 널리 이롭게 할 수 있는 곳"이라시며, 환웅 거발환(居發桓)에게 "그대는 노고를 아끼지 말고 우리 3천 명을 이끌고 가서, 새 시대를 열어 가르침을 세우고 진리로 다스리고 깨우쳐서 큰 규범으로 삼을지어다."라고 하였다.

배달국 1세 환웅 거발환(居發桓)은 환국의 국시인 홍익인간 대도 이념을 열여섯 자(字)로 정리하셨다. 그 내용은 "일신강충(一神降衷), 성통광명(性通光明), 재세이화(在世理化), 홍익인간(弘益人間)"이다. 이때부터 사방에서 모여든 백성들이 둥글게 마을을 이루고, 온 백성이 기뻐하여 태백환무(太伯環舞)라는 노래를 불렀다.

고조선 11세 단군 도해(道奚)는 "하늘·땅·인간"의 삼위일체의 도(道)로써 완성하였다. 그 내용을 요약하면 "하늘의 도[천도(天道)]는 두루 미치어 원만하고, 땅의 도[지도(地道)]는 하늘의 도를 본받아 원만하고, 사람의 도[인도(人道)]는 천지의 도를 선택하여 원만하니, 그 하는 일은 서로 협력하여 협일(協一)의 세계를 만드는 데 있다"라며, 염표지문(念標之文)에 그 내용을 담았다.

고조선 22세 색불루(索弗婁)는 백악산 아사달에서 제사를 지내셨다. 그 서고문(誓告文)에 "소자 단구 색불루는 두 손 모아 머리를 조아려 절하나이다. 시조 단군께서 삼신의 밝으신 천명을 받아 보은대덕(普恩大德)으로 이미 삼한의 5만 리 강토와 더불어 다 함께 홍익인간의 큰 뜻을 누려 왔습니다."라는 기록이 있다.

고구려 때 을지문덕(乙支文德) 장군은 도통(道通)의 요체를 다음과 같이 밝혔다.

사람이 삼신일체(三神一體)의 기운을 받을 때, 성품[性]과 목숨[命]과 정기[精]로 나누어 받나니, 우리 몸속에 본래 있는 조화의 큰 광명은 환히 빛나 고요히 있다가 때가 되면 감응(感應)하고, 이 조화의 대 광명이 발현되면 도통하게 된다.

도(道)를 통하는 핵심은 매일 염표문(念標文)을 생각하여 실천하기에 힘쓰고, 세상을 진리로 다스려 깨우쳐서[재세이화], 삼도(三途)를 고요히 잘 닦아 천지 광명의 뜻과 대 이상을 지상에 성취하는 홍익인간이 되는 데 있다.

신라 때 최치원(崔致遠)은 자연의 섭리와 이치를 통찰하고 기(氣)의 생성 원리를 명쾌하게 설명했다. 난랑비 서문(鸞郎碑 序文)에서 나라에 현묘(玄妙)한 도(道)가 있으니 이를 풍류(風流)라고 밝혔다. 그 뜻은 신비스러운 자연의 섭리와 이치를 깨닫고 자연과 함께 멋스럽게 아우러져야 한다는 가르침이다. 최치원은 이 경지에 이르게 되는 이치를 '현빈일규(玄牝一竅)'로 설명했다.

현빈일규(玄牝一竅)에서 '玄' 자는 천기(天氣)를 뜻하며 양기(陽氣)를 상징한다. '牝' 자는 지기(地氣)를 뜻하며 음기(陰氣)를 상징한다. '竅' 자는 구멍을 뜻한다. 천기(天氣)와 지기(地氣) 사이 공간에 합(合)을 이루면 '하나의 구멍'이 생기며, 그곳에서 기(氣)가 머무르고 교감이 그치지 않는다는 것이다.

최치원이 '하나의 구멍'에서 기(氣)가 머문다고 한 뜻은 어떤 의미일까? '하나의 구멍'을 과학적인 방법으로 비유하여 설명하자면, A 지점과 B 지점에서 무전기(無電機)로 교신하려고 한다고 하자. 그렇게 하려면 우선 무전기의 주파수가 연결되어야 하는 것처럼, 천기(天氣)인 우주의 주파수와 지기(地氣)인 땅의 주파수가 연결되면, 그 선(線)으로 에너지가 왕래하는 것과 같은 이치다.

자연의 영향을 받으며 그 안에서 인간이 살고 있기에 인간을 소우주(小宇宙)라고 한다. 따라서 인간의 구성 또한 같다고 할 수 있다. 인간의 신체(身體)는 보이는 물질과 보이지 않는 것으로 되어 있다. 보이는 것은 몸이다. 몸은 피부와 살과 내장이 있으며 뼈와 세포가 있다. 보이지 않는 것은 '기(氣)와 마음'이다. 이 '기(氣)와 마음'은 보이지도 않고 형체와 크기와 냄새와 색깔도 없지만, 엄연히 존재한다.

인체의 혈관에는 혈액(血液)이 흐른다. 혈액에 일정한 자장을 걸어주면 '산소 원자'와 '수소 원자'가 정렬했다 흩어졌다 하면서, 한 지점에서 다른 지점으로 전기량을 옮기는 데 필요한 두 점 사이의 '전압의 차이'를 발생시킨다. 이 힘은 암세포의 결정 구조를 흔들어 파괴하기도 하고, 혈관 내의 자율 신경을 자극하여 피의 흐름을 촉진(促進)시켜 주기도 한다. 이 전압의 차이를 발생시키는 힘이 바로 기(氣)다.

우리 주변에서 '기(氣)'라는 말을 흔히 사용한다. '기(氣)'라는 이 말은 일반화되어 사용되고 있지만, 아직도 과학적으로 풀 수 없는 그 무엇이 있기에 더 '기(氣)'에 관심을 갖게 하는지도 모른다. 서양 과학에서는 눈으로 볼 수 있어야 한다. 그리고 수치화할 수 있어야 한다. 그러나 동양 철학에서는 눈으로 볼 수 없는 부분을 예리하게 꿰뚫어 보는 통찰력으로 보이지 않는 내면을 관찰할 수 있기 때문이다.

우리가 마음과 기(氣)는 눈으로 볼 수 없지만, 그 작용은 느낄 수 있다. 그리고 그 내용을 수치화할 수 있게 되었다. 그래서 과학의 이름으로 말할 수 있는 것이다. 뇌파(腦波)의 주파수는 감마파(30Hz)·베타파(14~30Hz)·알파파(8~14Hz)·세타파(4~8Hz)·델타파(0.4~4Hz)로 세분할 수 있다. 그리고 인간의 활동 변화를 활동 뇌파와 명상 뇌파와 수면 뇌파로 구분해 볼 수 있다.

예를 들어 잠자는 사람의 뇌파를 측정하면 8Hz 이하로 떨어진다고 한다. 수면에서 깨어나 활동하는 사람의 뇌파를 측정하면 14Hz 이상으로 상승한다고 한다. 그런데 명상을 하는 사람의 뇌파를 측정하면 8-14Hz 사이에 있다. 그래서 선조들은 옆에서 굿을 해도 모를 정도로 수련에 몰두(沒頭)하라고 하는 것이다. 수련을 얼마나 오래 했느냐 보다, 얼마나 집중했느냐를 따지는 이유이다.

옆에서 굿을 하는데 어떻게 몰두할 수 있지? 보통 사람들에게는 어려운 일이다. 그러나 수련자가 무아(無我)의 경지(境地)에 들면 변별력(辨別力)이 생기기 때문에 가능하다는 것이다. 옛말 중에 '업어가도 모른다'라는 말을 들어보았을 것이다. 그리고 독서삼매(讀書三昧)란 말도 들어보았을 것이다. 그렇다. 마음을 한곳에 몰두하면 옆에서 굿을 해도 모르는 법이다.

그래서 선조들은 "공부에 앞서 먼저 인간이 되자"라고 한 것이다. 인간이 되자는 말은 마음공부를 먼저 하자는 말이다. 마음공부란 어떻게 하는 것일까? 그렇다 "인간의 도리를, 자연의 이치를, 사욕편정을 버리고 더불어 사는 지혜"를 깨우치는 공부이다. 깨우침이란 아하! 그렇구나! 하고 스스로 "터득(攄得)하고, 관(觀)을 만들고, 잣대를 만드는 것"을 말한다.

② 한민족의 정신문화 수난 과정

조선시대에는 초기부터 역성혁명으로 정통성 시비에 시달려 온 조선의 왕조는 왕권을 강화하기 위한 수단으로 유교 사상을 내세우면서 고조선 역사서 관련 기록을 수거하거나 소각하였다.

일제강점기 때는 한민족의 찬란한 민족문화와 슬기롭고 유구한 민족사를 알지 못하도록 하면서, 한민족 정신 말살 정책의 방법으로 한민족의 문화유산을 대대적으로 약탈하고 파괴하였다.

대한민국이 건국되면서 대한민국 건국 강령 제1장 총칙에 홍익인간 이화세계의 이념을 공표하고 있으며, 1945년 제정·공포된 대한민국 교육기본법 제1조에 "교육은 홍익인간 이념 아래 모든 국민에게 인격을 완성하고 자주적 생활 능력과 공민으로서의 자질을 갖추게 하여 민주국가 발전에 봉사하여 인류공영의 이념 실현에 구현(具顯)함을 목적으로 한다."라고 홍익인간을 교육이념으로 명시했다.

③ 홍익인간 정신을 펼치기 위한 조건

첫 번째는 원리 공부이다. 육체의 건강을 위해 먼저 인간의 실체를 알아야 한다. 그리고 이치와 법을 익히고 배우는 것이다. 자신 속에 천지 마음과 천지 기운이 담겨있음을 자각하고 자신 안에 담겨있는 완전성을 인정하는 것이다. 그리고 우주에 존재하는 온갖 사물과 현상의 이치를 배우고 익히는 것이다. 이런 원리를 통해 전체 완성까지 이르는 법을 아는 것이 원리 공부이다.

두 번째는 수행 공부이다. 자연의 섭리와 이치를 체율체득(體律體得)하는 과정이 수행 공부다. 그러므로 반듯이 자연의 섭리와 이치를 먼저 원리 공부해야 하며, 수련을 통해 그 참 의미를 깨닫고 몸과 마음으로 체득하는 것이다. 원리란 시간과 공간을 초월하여 변함없이 적용할 수 있는 보편적 법칙이다. 이 원리는 사람이 감정과 관념에 빠져 있을 때 바른길로 안내하는 잣대 역할을 한다.

세 번째는 생활 공부이다. 생활 공부가 필요한 이유는 혼(魂)의 성장을 평가하고 확인하기 위해서다. 눈에 보이지 않는 혼이 얼마나 성장했는지 드러내 주는 것은 성품이다. 이 성품은 관계 속에서 드러나는 혼의 모습이다. 살아오면서 지은 업이나 나쁜 습관을 소멸하면서 현재 일어나고 있는 모든 일에 기뻐하고 감사하는 마음을 가져야 한다. 이런 마음이 드러날 때 자신뿐 아니라 다른 사람까지 포용하는 힘이 생긴다.

④ 심신 수련 후 홍익인간 정신 펼쳐야

이 경지에 이르게 되면, 너와 내가 하나임을 알게 되고, 전체를 먼저 생각하며 무해유익(無害有益)한 사람이 된다. 다시 말하면 인간 본래의 감각과 본성(本性)을 회복하고 근본을 지킬 줄 아는 정상적인 사람이라는 것이다. 본성은 무의식의 세계이다. 이 무의식의 세계와 통하려면 내부의식이 맑아져야 한다. 이 현상은 욕망과 관념을 버려야만 된다.

선조들은 의식성장에 따른 진정한 의미의 사랑이 발전해 가는 과정을 효충도(孝忠道)로 설명하였다. 집안에서의 효(孝)에서 조직의 구심점으로 모으는 충(忠)으로 발전하여 우주와의 사랑인 도(道)에 이르게 된다. 효의 사랑보다 충의 사랑이 크고, 충의 사랑보다 도의 사랑이 크다. 효(孝)와 충(忠)은 자아를 깨우치지 않아도 가능하지만, 도(道)는 깨달음을 통해 가아(假我)에서 벗어남으로써 가능해진다.

효충도는 관념적인 것이 아니라, 인간의 생명현상을 바탕으로 이루어지는 구체적인 영적 현상이다. 그러므로 마음과 몸이 기운 속에서 조화되어야 한다. 선도(仙道)에서는 효충도의 완성은 단전의 완성되었을 때부터 시작된다고 보았다. 단전을 이룸으로써 육체와 기체가 건강해져서 영적 작용을 뒷받침할 수 있다는 것이다. 그래서 단전(丹田)의 기능이 약한 사람에게 효충도는 말일 뿐이고, 관념일 뿐이다.

선조들은 단전(丹田)을 단련시키는 방법을 내단전(內丹田)과 외단전(外丹田)으로 구분하여 설명하였다. 몸에는 기(氣)의 작용이 있기에 내단전은 마음을, 외단전은 몸을 다스릴 수 있다고 밝힌 바 있다.

내단전은 '하단전(下丹田)·중단전(中丹田)·상단전(上丹田)'이 있다.

하단전은 배꼽 아래 약 3㎝ 되는 자리에 있는 기적 시스템이다. 하단전에서 양기와 음기가 합일되어 정(精)이 기(氣)로 바뀐다. 기(氣)는 하단전에서 시작되어 중단전·상단전으로 이어졌을 때 인간완성이 되었다고 보았다.

중단전은 가슴 부위에 있는 단중혈(丹中穴)을 중심으로 형성된 기적 시스템이다. 중단전이 막히면 에너지 순환이 역류하여 신경계와 순환계에 영향을 주어 각종 질병이 발생하지만, 중단전이 열리면 생명력이 활성화된다.

상단전은 두개골 속에 있는 기적(氣的) 상태의 조직으로 해부학적으로는 나타나지 않는다. 그러나 머리 부위의 여섯 혈 자리[백회·전정·인당·미간·태양·옥침]를 중심으로 상호작용이 이루어지는 기적 시스템이다.

외단전은 양 손바닥의 장심혈(掌心穴)·양 발바닥 용천혈(湧泉穴)이 있다.

장심혈은 손바닥 중앙에 있다. 장심혈을 자극하여 생성된 진기(眞氣)를 뇌로 전달한다. 뇌로 전달된 진기는 기혈 순환이 활발해지도록 역할을 한다. 과학자들이 손바닥은 뇌(腦)와 연결되어 있다고 밝힌 바 있다.

용천혈은 발가락 엄지와 중지 사이 아래에 사람인[人] 자형으로 오목하게 들어간 부위에 있다. 용천혈은 기운이 샘물처럼 솟아난다고 하여 붙여진 이름이다. 용천혈을 자극해 주면 심장과 신장 기능에 좋은 영향을 준다.

⑤ 이 선택은 오로지 자신만이 할 수 있어.

배달국 1세 환웅(桓雄) 거발환(居發桓)은 천부인을 지니고 세상을 다스리며 깨우쳐 주시고, 인간을 널리 도와주시며, 그 나라 이름을 배달이라 칭하였다. 그리고 고조선 11세 단군 도해(道奚)는 환국의 국시(國是)로 전해 내려온 홍익인간 이념을 염표지문(念標之文)에 "천지인의 창조 정신과 목적"을 담아 실천 방법[일신강충·성통광명·재세이화·홍익인간]을 제시했다.

사람들은 현실 속에서 하는 일 없이 세월만 헛되이 보내는 사람이 되거나, 원활한 삶 속에서 조화로운 어울림을 지향하는 사람이 되기도 한다. 인간이 가치 있는 대상을 찾아가는 과정을 살펴보면, 아이는 엄마를 찾게 되고, 성인이 되면 이성을 찾고 어른스러워지면서 절대적인 완성을 갈구하여 인간으로서 지켜야 할 참가치를 찾아 실천하려고 한다는 것이다.

홍익인간이 되기 위해서는 먼저 심신(心身)의 균형과 조화로 우아일체(宇我一體)를 이루어야 한다. 이 경지에 도달하게 되면 생명의 실체를 알게 되어 너와 내가 하나임을 알고, 사적인 마음을 버리고 전체 이익을 위한 일에 삶의 뜻을 두고 실천하게 된다. 그래서 선조들은 중도일심(中道一心)을 강조한 것이다. 세상을 널리 이롭게 하기 위해서는 내가 먼저 중심을 유지해야만 하기 때문이다.

마음공부 없이 운동만 하는 것은 목적지 없는 항해(航海)와 같은 것이다.

2. 홍익인간 이념이 담긴 경제 환경

대한민국에서 자본주의가 시작된 시기는 1948년 8월 15일 대한민국 정부가 수립된 이후부터다. 경제는 인간의 생활에 필요한 재화나 용역을 생산·분배·소비하는 모든 활동을 말하며, 이런 활동을 통하여 이루어지는 사회적 관계이다. 자유시장 경제는 인간에게 가장 자연스러운 활동을 할 수 있게 한다.

영국의 경제학자인 애덤 스미스(Adam Smith)의 저서 국부론에서 자본주의 시장경제를 잘하기 위한 조건 7가지[사유재산권의 보장·시장에 의한 생산과 분배·자본주의와 자유의 가지·경제발전 원동력으로서의 사익 추구·다양성과 경쟁·친(親)자본 기업문화·정부의 경제적 기능과 법치주의]를 제시하였다.

애덤 스미스(Adam Smith)는 자본주의 시장경제를 잘하기 위한 조건 7가지 중 사유재산권의 보장 이외의 6개는 시장체제의 구성요인이라고 밝히면서, 자본주의 시장경제를 잘하는 길은 이 두 가지[① 사유재산권의 보장·② 시장체제에 의한 생산과 분배]를 활성화하는 것이라고 밝혔다.

기업가(企業家)는 본질적(本質的)으로 이윤 창출 기회의 발견과 개척을 통해서 경제발전의 원동력을 창출하는데, 그러기 위해서는 첫째, 혁신적이어야만 한다. 둘째, 창조적이어야만 한다. 셋째, 더 생산적인 학습 과정이다. 기업가는 혁신을 통해 부(富)를 창조하는 방법을 배우기 때문에, 늘 학습하는 과정 중에 있는 것이다.

기업가 정신이 얼마나 중요한가를 알려주는 통계 자료가 있다. 미국에서 1975년부터 1991년까지 가난한 계층의 신분 상승 과정을 통계로 밝힌 바 있다. 1975년 최하위 20%에 속한 사람 중에 5%만이 1991년에도 여전히 가난했고, 나머지 95%는 사다리 위쪽으로 이동하였다.

홍익인간 이념이 담긴 시장경제체제는 자유민주주의 경제체제에서 왕성하게 번영시킬 수 있다고 보고 있다. 그 이유는 자본주의 시장경제체제에서만이 기업가 정신을 충족시켜줄 수 있고, 자본주의 시장경제체제가 가장 우월한 제도라는 것이 역사적으로 증명되었기 때문이다.

1) 환경적 효율성

우주에 존재하는 모든 생물이나 동물은 우주와 지구 사이에서 서로 도움을 주거나 받으며 생존하고 있다. 사람들도 모두 사회활동을 하면서 도움을 주거나 받으며 살아가고 있다. 이처럼 고대 역사서 부도지에 담긴 내용을 정리해 보았다.

천부(天符)를 받들어 선천(先天)을 계승한 마고성(麻姑城)은 지상에서 가장 높은 성(城)이다. 사람들은 성(城)에서 나오는 지유(地乳)를 먹고 살았다. 오랜 세월이 흘러 지유(地乳)가 부족하게 되자, 열매를 먹고 사는 사람들이 늘어났다.

열매를 먹은 사람들에게는 모두 이[齒]가 생겨났다. 그리고 침은 뱀의 독과 같이 되어버렸다. 이는 강제로 다른 생명을 먹었기 때문이다. 그런 까닭으로 사람들의 피와 살이 탁해지고, 심기가 혹독해져서 마침내 천성을 잃게 되었다.

열매를 먹은 자와 수행을 하지 아니한 자 역시 모두 성을 나가 이곳저곳으로 흩어져 가니, 황궁씨(黃穹氏)가 그들을 불쌍하게 여겨 수행하기를 열심히 하여 미혹함을 깨끗이 씻어 남김이 없으면 천성을 되찾을 것이니 노력하라고 일렀다.

오랜 세월이 흘러 황궁씨가 미혹함을 풀며 무리에게 천지의 도(道)를 닦고 실천하는 일에 근면하라고 일렀다. 그리고 첫째 아들 유인(有因) 씨에게 명하여 인간 세상을 밝히게 하고, 둘째와 셋째 아들에게 모든 주(州)를 순행하도록 하였다.

그리고 유인(有因)씨는 사람들이 추위에 떨고 밤에는 어둠에 시달리는 것을 보시고, 나무를 마찰시켜 불을 일으켜서 밝게 비춰주고 몸을 따뜻하게 하고, 음식물을 익혀 먹는 법을 가르쳐주니, 사람들이 대단히 기뻐하였다.

오랜 세월이 흐른 뒤 유인(有因)씨는 아들 환인(桓因)씨에게 천부를 전하고 곧 산으로 들어갔다. 환인(桓因)씨가 천부(天符)를 이어받아 인간 세상의 이치를 크게 밝히니 사람들의 괴상한 모습이 점점 본래의 모습을 찾게 되었다.

환인(桓因)씨의 아들 환웅(桓雄)씨는 천부인을 계승한 후, 하늘의 도(道)를 수립하여 사람들에게 그 유래한 바를 알게 하였으나, 사람들이 먹고 입는 일에만 편중하므로 무여율법(無餘律法) 4조를 제정하여 조절하게 하였다.

무여율법(無餘律法)은 기록이 남아 있지 않지만, 제정 시기를 추정하면 3898년경이다. 상고시대 율법 중에 무여율법 4조에 연관시켜볼 때,

환국 때 오훈(五訓)·배달국 때 오사(五事)·고조선 때 팔대강령(八大綱領)
이 있다.

오훈(五訓)은 "① 성실하고 신의 있어, 속이지 않으며. ② 공경하고 행
동하는 데 있어 게으르지 않고. ③ 효도하고 순종하는 데 있어 위배 됨
이 없고. ④ 염치 있고 의리가 있어 음란치 않고. ⑤ 겸손하고 화목하여,
다투지 않는다."이다.

오사(五事)는 "① 우가(牛加)는 농사를 주관하고, ② 마가(馬加)는 목숨을
주관하고, ③ 구가(狗加)는 형벌을 주관하며, ④ 저가(猪加)는 병을 주관하
며, ⑤ 양가(羊加)는 선악을 주관한다."이다.

단군왕검의 팔대강령(八大綱領) 내용은 고조선시대[p. 80] 참조.

태초 선조들은 "다투지 말고 서로 사이좋게 지내면서, 덕(德)으로 어
울려야 한다."라고 알려주었다. 이런 인류 태고의 홍익인간 이념은 삼
국유사[제1권 고조선-기이(紀異)]를 통해 오늘날 건국이념과 교육이념
으로 우리에게 이어졌다.
홍익인간은 치자(治者)의 도(道)와 피치자(被治者)의 도(道)로 나뉜다. 치
자(治者)는 한 사람이라도 본성을 잃지 않도록 하고, 피치자(被治者)는 망
령됨을 고쳐 진리에 이르는 길로 가기 위해 수행하는 계율을 지켰다.

홍익인간은 천도(天道)의 구현이 목적이지, 국가의 이익과 국민의 행복이 목적은 아니다. 마고(麻姑)로부터 계시받은 신시개천지도(神市開天之道)를 널리 펴서 백성이 본성을 잃지 않도록 하여 망령됨을 고쳐 진인(眞人)의 길을 가도록 하였다.

환국시대 때 여러 나라로 구성되어 있었다. 이때는 인종 간에 국가 간에 다툼이 없이 평화스럽게 지낸 태초 환국 상을 집약한 용어가 "일웅일호 동혈이거(一熊一虎 同穴而居)"이다.

환국 말엽 인심이 흩어져 웅족과 호족의 다툼이 벌어지고, 그 후유증으로 환웅과 부족 3,000은 옛 환국을 떠나 태백으로 내려와 배달국을 건국하게 된다. 배달국을 이어 고조선에서 홍익인간 이념을 완성하지 못하고 오늘에 이르게 되었다.

위에서처럼 한민족의 유구한 홍익인간 정신이 살아있었으나, 고조선이 멸망한 이후 홍익인간 정신은 세월이 흐르면서 서서히 사라졌다. 홍익인간 이념이 어떻게 사라지게 되었는지, 그 과정과 함께 오늘날 어떻게 그 명맥을 유지하고 있는지 살펴보아야, 미래의 홍익인간 이념을 펼치는 데 중요한 요인이 될 것이다.

2) 경제적 효율성

신당서(新唐書) 발해전(渤海傳)을 살펴보면, 발해에는 5경(京) 15부(府) 62주(州)를 두었다. 발해에서 산출되는 명품 가운데에는 위성(位城)의 철(鐵), 현주(顯州)의 포(布), 노주(盧州)의 벼, 용주(龍州)의 주(紬), 옥주(沃州)

의 면(綿) 등이 있었다. 건국 초기부터 만주 동부지역 천연자원의 개발과 이용, 고구려 농업과 수공업의 발전, 주변국과의 대외교역 확대를 통한 국력증대에 힘썼다.

위성(位城)은 중경현덕부 내 철주(鐵州) 현(縣)으로 제철 산업의 중심지 가운데 하나였다. 고구려에서 발달한 기술을 이어받아 제철기술이 매우 높은 수준이었으므로 발해를 멸망시킨 거란은 발해의 유민들을 요주(遼州)를 비롯한 거란의 주요 철 생산지에 집단 이주시켜 제철업에 종사시켰다.

현주(顯州)는 중경현덕부에 속한 6주(州) 가운데 수주로 두만강 하류 지역에 있었던 것으로 짐작된다. 발해가 후당(後唐)에 수출했다는 세포는 현주의 포였을 것으로 보이며, 발해 성립 이전 함경도지역에 있던 옥저(沃沮)의 특산인 맥포(貊布)도 이 현주(顯州)의 포(布)와 관련이 있는 듯하다.

노주(盧州)도 중경현덕부 산하의 6주 가운데 하나로 하이란 강[海蘭河] 유역 평야 지대에 있었던 것으로 믿어지고 있다. 이로 보아 중경현덕부에 속한 두만강 하류 일대는 벼·포·철 등이 모두 생산되는 경제의 중심지대였던 것 같다.

용주(龍州)는 상경용천부에 소속된 주의 하나로 현재의 헤이룽장성[黑龍江省] 녕안현[寧安縣] 일대로 비정된다. 주(紬)는 면포를 가

리킨다.

옥주(沃州)는 남경남해부의 소속주 가운데 하나이다. 옥주(沃州)의 면은 동예시대 이래 양잠기술이 발해시대까지 계승되었음을 알려준다. 발해는 이와 같은 특산품들을 당·일본 등과의 교역 물류로 삼아 국부의 증대를 꾀했다.

대당 교역이 매우 활발해 공식적인 외교사절을 통한 교역이 총 132회에 달했으며, 산둥반도 등주(登州)와 청주에는 발해 사신을 위한 발해관이 설치되어 교역 중계지로서 기능을 겸하기도 했다. 관사무역을 겸한 발해 사신의 빈번한 왕래는 대상국인 일본에 경제적 부담을 주어, 한때 일본은 대발해 교역 제한하기도 했다.

필자가 오랫동안 같이 근무했던 동료들이 이심전심으로 모여 만든 모임이 있다. 산전수전을 겪었다는 의미에서 모임 명칭을 산수회(山水會)라고 지었다. 산수회 회원 중 한 분이 ㈜이오시스템 한정규 대표이다. 한정규 대표의 초청으로 산수회 회원 20여 명이 ㈜이오시스템을 방문하게 되었다.

㈜이오시스템 회의실에서 홍보팀장이 회사 소개 브리핑을 마친 후, 한정규 대표는 "어느 건물 청소부에게 어떤 일을 하시느냐고 묻자, 그 청소부는 내가 깨끗한 환경을 만들어줌으로써 상쾌한 기분으로 근무할 수 있도록 하는 일을 하고 있다"라고 답변했다면서, "우리 회사 직원 모두 같은 마음으로 회사 제품을 사용하는 군인들의 생명을 지킬 수 있게

한다는 자부심으로 근무한다."라고 설명해주었다.

홍익인간은 서로 도움을 주고받으며 덕(德)을 쌓는 인간사.

일제강점기 때 자신들의 정치적 의도에 따라, 홍익인간 이념이 담긴 염표문(念標文)의 전체 부분[일신강충·성통광명·재세이화·홍익인간]에서 상당 부분을 빼버리고, 홍익인간(弘益人間)만 일어(日語)의 말뜻에 따라 "널리 인간을 이롭게 함"이라고 번역하여 기록으로 남게 했다.

홍익인간은 관념이나 감정을 잘 다스려 생명의 가치와 본성을 밝혀 우주 의식으로 생활화하면서, 인간이 지켜야 할 사리(私利)와 도리(道理), 참가치를 상식으로 알고 실천하는 사람이다.

다시 정리해 보면 "하늘에서 참마음을 내려 주니, 사람의 마음도 하늘과 통해 있음을 깨우쳐, 어질고 올바른 마음으로 서로 도움을 주고받는 사람"을 홍익인간이라고 하는 것이다.

필자는 홍익인간 공부를 하면서 이론적으로는 정리(定理)되었다고 생각하고 있었지만, 영리를 추구할 목적으로 설립된 회사에서 올바른 홍익인간 정신으로 운영되고 있는 사례를 ㈜이오시스템에서 처음으로 찾게 되었다.

㈜이오시스템은 어떤 회사인가?

한정규 대표는 "마곡 종합연구소에서는 최신 실험시설 등으로 연구개발의 효율성을 높일 수 있다."라며, "45년간 쌓아 온 첨단방산기술과 다양한 민간기술을 활용하여 '글로벌 강소기업(强小企業)'으로 자리매김하고자 한다."라고 밝혔다.

㈜이오시스템은 1979년 창립되어 광학장비 분야에서 국내 최고 기술력을 가진 업체로 성장했으며, 그 결과 1984년 방위산업체로 지정되어 광학부품류와 광학장비를 군에 공급해왔다. 이어 야간투시경 등의 광학장비를 해외에 수출하고 있다.

㈜이오시스템이 내세우고 있는 '열 영상 감시장비'들은 국경 지역의 주·야간 감시에 매우 효과적이다. 헬멧에 장착된 화면에 입체 영상을 나타나게 하는 장치(Head Mount Display)는 많은 호평을 받고 있으며,

특히 '조종수 열상 잠망경'은 현재 국내에서 K9 자주포를 비롯한 다수의 장갑 차량에 장착된 장비로서 불빛이 없는 야간에도 조종수가 운전할 수 있어 중동에서도 많은 관심을 받고 있다고 한다.

언어는 그 민족정신이 담겨있는 그릇이라고 할 수 있다. 즉 언어에서 그 민족 정서를 엿볼 수 있다는 뜻이다. "돕다"의 의미는 인간사의 필연이다. 도움도 없이 살아가는 사람은 지구상에 한 사람도 없을 것이다.

㈜이오시스템은 직원들과의 관계에서 서로 도움을 주고받는다는 마음을 품도록 하였으며, 그런 마음을 담아 생산한 제품으로 다른 사람의 생명을 지켜주고 있다면, 이런 기업을 "홍익인간의 삶터"라고 할 수 있을 것이다.

3. 완성된 홍익인간이 머물 수 있는 삶터 조성

운명을 의미하는 영어 단어는 'destiny·fate·fortune' 등 다양하게 번역되곤 한다. 이 중 'destiny'가 보편적으로 쓰이고 있는데 그 의미는 신에 의해 사전에 결정한다는 뜻이다. 운명과 유사한 의미 어로 '정명(定命)'은 대의명분을 바로잡아 실질을 바르게 한다는 뜻이다.

또한, '숙명(宿命)'은 태어날 때부터 타고난 정해진 운명이라는 의미다. 숙명은 어떠한 결과가 개인의 도덕이나 힘이 아닌 신(神)과 우주 지배자의 의지에 따라 결정되므로 개개 인간은 자신의 장래를 전혀 예견할 수 없다.

1) 동양철학의 운명론

동양에서는 운명을 중요한 삶의 강령으로 여기고 있고, 운명에 대해 오래 연구를 해왔음에도 한마디로 정의하는 데 어려움을 느끼고 있다. 따라서 운명에 대한 담론은 곧 "자연과 인간·인간과 인간" 관계 속에서 삶을 이해해야 한다. 인간의 운명은 예측할 수 있다. 이 예측은 미래를 준비하기 위한 것으로 봐야 한다는 것이다.

운명은 사주팔자에 의해 결정되는 것은 아니다. 운명이란 가변성이 있는 것이므로, 그 자체로 숙명이 될 수 없다. 철학박사 이석현은 『동양의 운명론』을 유교·불교·도교의 사상을 중심으로 고찰했다. 유불도(儒佛道) 3대 동양사상은 운명론의 관점으로 볼 때 서양의 결정론적인 사고를 거부하였다.

과학자들에게 '미래'라는 시간 개념은 매우 중요한 연구주제에 해당한다. 수많은 과학자가 주역에 관심을 두고 있으며, 자연과학계 연구에 주역이 본격적으로 도입된다면 시간 연구는 비로소 궤도에 오르게 될 것이다.

즉, 주역은 만물의 뜻을 규명하는 학문으로 어떤 상황에서 어떤 행동을 해야 하는지를 찾아내는 것이다. 동양 운명론의 바탕을 이루는 인본주의는 "인(仁)·의(義)·예(禮)·지(智)·신(信)" 등 유교 철학을 중요시하였다.

주역은 주나라 문왕(文王)으로부터 시작하여 유가·도가·현학·신유학·성리학 등 다양한 형태로 발전되었다. 인본주의의 바탕에는 자연과의 조화, 타인과의 조화를 중시하는 사상이 담겨있다. 남을 배려하고 돕는 것을 주요 인성으로 삼았고, 남을 돕는 것도 자신의 인성을 수양하는 중요한 방법의 하나로 보았다.

공자의 사상을 집대성한 『논어』의 핵심 메시지는 인(仁)이며 실천방식은 충(忠)과 서(恕)이다. '충'은 사랑하는 대상에 대해 꿋꿋하게 의리를 지키는 것이며, '서'는 사랑하는 사람을 그 사람 입장으로 부드럽게 안아주는 것이다. 공자는 "이 세상 모든 것의 근본은 사람이다[이인위본(以人爲本)]."라고 논어에서 강조했다. 이를 해석하면 이 세상 모든 것 중 사람이 가장 중요하고, 사람이 본질이라는 뜻이다.

또한, 동양의 운명론에는 다른 사람의 아름다움을 이루어주는 '성인 지미(成人之美)'를 '인(仁)'으로 인식하여 자기가 서기 위해서는 먼저 남을 세워야 한다는 인식에 따라 순서를 중요시하였다.

동양 정신문화의 중요한 특징으로 거론되는 화해(和諧) 사상 역시 그렇다. 화(和)는 쌀을 함께 먹는 공동체의 의미이며, 해(諧)는 모든 사람이 자기의 의견을 말하는 민주주의의 의미와도 연결된다.

불경과 주역에서는 적선지가필유여경(積善之家必有餘慶)으로 표현한다. 이는 '선한 일을 많이 한 집안에는 반드시 남는 경사가 있다.'라는 의미다. 반대로, 적악(積惡)은 '악을 쌓아 타인을 눈물 나게 한 사람은 언젠가 자신이 더 큰 피눈물을 흘리게 된다.'라는 뜻이다. 이처럼 동양의 운명론에는 사람의 행실이 운명을 좌우한다는 정신이 반영되어 있다.

홍익인간 사상철학의 형성

환인시대(bc 7197)	환웅시대(BC 3898)	단군시대(BC 2333)
환국	배달국	고조선
3,000년(7대)	1,500년(12대)	2,000년(47대)
홍익인간 창시	홍익인간 실천(천부경)	홍익인간·재세이화 이념 정립

격암유록은 동양 운명론을 대표할 만한 기록으로 생명의 존엄성을 강조하며 인류 역사는 우연히 흘러온 것이 아니라, 신의 계획에 의하여 전개되어왔으며 신의 계획대로 세상이 흘러간다는 사실을 강조하고 있

다. 동양철학의 뿌리는 사실상 우리 민족의 홍익인간 정신과 비슷하다.

따라서, 홍익인간 사상에 대해서 보다 체계적으로 연구하여 우리 민족의 역사적 정체성과 연결하여 세계적 사상으로 자리매김해야 한다. 홍익인간 정신을 고대사로 치부하여 역사적 논쟁거리로 삼을 것이 아니라 현대적 의미를 재발견하는 것이 동양 운명론을 이해하는 데 큰 도움을 줄 것으로 확신하였다.

중국의 저서 『주역』에는 우주 대자연의 섭리가 망라되어 있다. 천문, 지리, 사회, 문화 등 다양한 주제의 원리를 다룬 이 책을 공자가 숙독한 것으로 알려져 있다. 주역은 만물의 근원을 밝힘으로써 깨달음에 이르게 하고, 또한 깨달음을 응용해 인생에 적용함으로써 깨달음 이후에 살아가는 방법까지 밝히고 있다. 알버트 아인슈타인(Albert Einstein) 역시 주역을 탐독했던 것으로 알려졌다.

심리학의 대가 칼 융(Carl Jung)도 주역을 통해 세상의 거대한 섭리를 찾고자 한 것으로 알려졌다. 주역은 5,000년이나 지난 고대의 저술이기 때문에 일각에서는 "일종의 미신에 불과하다"라는 딱지를 붙이기도 한다. 일본의 니시나카 쓰토무(にしなか つとむ)는 『운을 읽는 변호사』라는 책을 통해 자신이 50여 년 동안 1만 명이 넘는 사람들의 소송을 처리하면서 느낀 바를 밝혔다.

쓰토무 변호사는 1만 명 이상의 인생을 지켜보면서 세상에는 확실히 운이 좋은 사람과 나쁜 사람이 있다는 것을 알 수 있게 되었다고 하며, 그는 잔머리를 굴려 돈을 잔뜩 벌거나 출세했어도, 그 성공은 오래가지 못하고 얼마 지나지 않아 실패하여 궁지에 몰리는 경우가 많았다. 악행으로 얻은 성공은 순간에 불과하다.

동양의 운명론 관점에서 미래는 불교의 삼세인과론(三世因果論)과 같이 과거와 현재의 연장선에서 다뤄진다. 이는 '과거-현재-미래'를 단절이 아닌 연속의 관계로 이해하는 것이다. 미래를 예측하려면 과거와 현재를 잘 파악해야 한다.

공자는 "아침에 도를 배우면 저녁에 죽어도 한이 없다."라고 말했다. 노장(老莊)사상에서의 도(道)는 종교적 의미를 강하게 띠었다. 이처럼 동양사상의 초점은 인간다운 생활을 할 수 있는 인생의 도(道)와 인생의 의미를 찾는 것이다. 다양한 철학적 관점으로 인생에 대해 말할 수 있겠지만, 인생의 도(道)와 의미란 스스로 찾는 것이요, 스스로 만들어나가는 것임은 분명하다.

유교에서는 인간의 도덕적 측면을 강조하여 일종의 생활 규범, 인간의 가치 기준 등을 핵심규범으로 여겼다. 유교의 전통과 정신문화는 중국 못지않게 조선시대에서도 꽃을 피웠다. 당시 조선 사회는 유교의 핵심사상인 '수신제가 치국평천하(修身齊家 治國平天下)'를 핵심 덕목으로 인식했다.

또한, 남을 배려하고 돕는 것을 주요 인성으로 삼았고, 남을 돕는 것도 자신의 인성을 수양하는 중요한 방법의 하나로 보았다. 동양적 가치는 공동체 정신과 깨달음의 정신이 투영되어 있다. 이러한 차원에서 동양철학을 바탕으로 한 인문학 교육의 활성화는 곧 대한민국의 발전으로 이어질 수 있다고 보았다.

신경 철학박사 박제윤은 『철학의 나무』에서 철학의 중요성을 강조했다. '철학'이란, '다른 학문에 비해서 세계에 대한 근본적인 것들을 알아

내며, 그래서 세계에 대한 가장 근본적 이해를 얻을 수 있는 학문'이라고 한다. 플라톤은 고대 그리스의 아테네에 학교를 만들었는데, 그 학교 이름을 '아카데미아'라고 했다.

그 이름에서 유래되어 오늘날 '공부하는 장소'를 뜻하는 말로 '아카데미'라는 말을 널리 사용한다. 철학 공부를 해보지 못한 과학자는 결코 조수(助手)나 모방자에서 벗어나지 못한다고 보았다.

세계 운명을 종교적 신념으로만 접근하여 모든 세계 역사가 신의 계획에 따라 움직여지기 때문에 인간의 자유의지는 실효적 가치가 없는 것처럼 오인되기도 하였다. 기독교의 교리에 따르면 하나님의 뜻에 따라 인생과 국가의 모든 사건이 진행되며, 인간은 그 뜻을 따르는 것이 중요하다고 믿는다.

힌두교의 '카르마' 개념에서는 현재의 행동이 미래 운명을 결정한다고 믿는다. 동양의 다양한 종교에 반영된 운명에 대한 인식은 '신의 계획과 인간의 행동이 운명과 연동된다.'라는 공통분모가 존재한다.

2) 서양철학의 운명론

그리스의 소크라테스(Socrates)는 서양철학의 뿌리로서 인간의 존재와 내면에 관해 토론을 통해 깨달음과 가르침을 준 것으로 유명하다. 사람들이 무지를 자각해 스스로 진리를 추구하도록 의도했다. 인생에서 가장 소중히 여겨야 할 것은 '단지 사는 것이 아니라 훌륭하게 사는 것'

이라고 강조했다.

소크라테스는 법정에서 자신의 가르침이 잘못됐다 인정하면 사형을 피할 수 있었지만 "품위와 위엄을 잃는 일 따위는 하지 않겠다."라면서 독배(毒杯)를 마셨다. 더욱이 죽음 선택이 옳았음을 증명하려는 신념과 철학으로 독배를 택하여 오늘날까지 깊은 의미를 남겨주었다.

소크라테스의 수제자 플라톤(Plato)은 객관적 관념론의 창시자로 오늘날 대학의 원형인 아카데미아를 설립하여 스승인 소크라테스의 교육적 이상을 구현하고자 했다. 『크리톤』, 『파이돈』 등을 저술해 소크라테스의 사상을 발전시키고, 『이데아론』을 처음으로 주장했다.

그의 제자 아리스토텔레스(Aristoteles)는 경험론적 현실주의를 펼치며, '최선의 삶은 무엇인가?'·'삶의 최고선은 무엇인가?'·'덕은 무엇인가?'·'어떻게 우리는 행복을 실현할 수 있는가?' 등 문제들을 명료하게 정립했다.

인생의 목적을 설정하는 시작은 "개인적 행복에 있다."라는 것을 솔직히 시인한 것이다. 우리는 행복 그 자체를 위해 행복을 원하며 그 밖의 것, 상위의 가치를 위하여 추구하는 것이 아니다.

로마의 철학자이며 극작가였던 세네카(Lucius Seneca)는 "운명은 사람을 차별하지 않는다. 사람 자신이 운명을 무겁게 짊어지기도 하고, 가볍게 짊어지기도 할 뿐이다. 운명이 무거운 것이 아니라 나 자신이 약한 것이다. 내가 약하면 운명은 그만큼 무거워진다. 비겁한 자는 운명이란 갈퀴에 걸리고 만다."라고 말했다.

영국계 철학자 프랜시스 베이컨(Francis Bacon)은 자연철학을 연구하고 과학적 방법론의 발전을 주도했다. "아는 것이 힘이다."라는 명언으로 널리 알려진 그는 귀납적 추론으로 자연의 본성을 밝힐 수 있다는 경험주의를 주장했다. 신의 은총과 상관없이 인간이 자연 세계를 얼마나 정확히 아는가에 따라 인간의 운명이 결정된다고 주장하였다.

자율적이고 합리적인 주체의 근본원리를 정립한 것으로 유명하다. 즉, "인간존재의 근거가 신에게 있지 않고 사고(思考)에 있다."라는 발상은 서양이 중세에서 벗어나게 된 동력을 제공한 것으로 평가받는다.

근대 계몽주의를 정점에 올려놓은 독일의 철학자 임마누엘 칸트(Immanuel Kant)의 묘비명에 '내 위에 별이 반짝이는 하늘과 내 속의 도덕법칙'이라고 새겨져 있는 내용이 시사하는 바가 크다. 칸트는 참된 지식이란 객관적 필연성, 보편 타당성을 가지는 것이라고 밝혔다.

또한, 무엇이 도덕법칙에 맞는 행동이고 무엇이 도덕법칙에 어긋난 행동인지 판단할 수 있는 능력을 실천이성이라고 불렀다. 『순수이성비판』은 칸트철학의 기초를 이루는 총론에 해당하는데, 유한한 인식의 한계 내에서 위대함을 꿈꾸었던 계몽주의적 인간상을 그려낸 위대한 고전이다.

독일의 실존철학자 카를 야스퍼스(Karl Jaspers)는 '현대 문명에 의해 잃어버린 인간 본래의 모습'을 지향했다. 특히, 그의 자유에 관한 명언은 21세기까지도 정치적 함의를 던져준다. 자유를 주장하는 정치 집단들이 서로 다른 자유의 개념으로 싸웠기 때문이다.

그는 내가 스스로 어떤 것을 선택할 수 있다는 것이 자유라고 설파했다. "의미를 묻고 의미 있게 행동해야 한다는 것은 인간의 본질이자 상황이다."라며 의미와 선택을 강조한 자유의 개념은 선택에 의한 운명 개척론과 연결된다.

한편, 서양 철학자로 니체(Nietzsche)를 들 수 있다. 질 들뢰즈(Gilles Deleuze)는 『니체와 철학』에서 "현대철학은 대부분 니체 덕으로 살아왔고, 여전히 니체 덕으로 살아가고 있다."라고 칭송했다. 니체는 근대 이성을 계산적 이성이라고 비판하며, 이성은 정신으로 존재하고 의지는 육체로 존재한다고 주장하였다.

결정론	자유의지론·양립론	양립론
인간의 미래는 신의 뜻과 계획대로 이미 결정되어 있고, 인간에게는 자유의지가 없다.	인간은 자유의지가 있고, 미래는 결정되어 있지 않았다.	인간의 미래가 결정되어 있어도, 인간에겐 자유의지가 있다.

서양철학은 서양 운명론이 변천되는 과정에서 기준을 제공해 주었다. 특히, 인간과 신의 관계에 대한 인식의 변화와 인간의 자유의지에 대한 해석이 전환점이 된 것으로 평가된다.

서양 운명론은 오랫동안 결정론이 지배적 인식이었다. 인간의 미래는 신의 뜻과 계획대로 이미 결정되어 있다는 시각이다. 인간의 자유의지를 인정하지 않는 것이다. 반면에, 자유의지론의 시각은 결정론을 부정한다. 인간은 자유의지가 있고, 미래는 결정되어 있지 않다는 시각이다.

결정론과 유사한 태생론을 주장하는 학자도 있다.

영국의 물리학자 스티븐 호킹(Stephen Hawking) 박사는 "운명은 정해진 것이다."라는 태생론을 주장하여 주목을 받았다. 그는 "인간의 운명은 정해진 것이며 신의 창조가 아니라, 40억 년 전의 단세포가 바다에 출현한 이래 진화와 유전을 거쳐 60만 년 전 인류의 시원이 되었다."라고 발표하였다.

인간은 진화와 유전의 산물이기 때문에 "우리들의 운명도 시작과 끝이 있어서 운명은 정해져 있다."라며 "모든 것은 운명이다."라고 단언했다. 양립론의 시각에 따르면 "인간의 미래가 결정되어 있어도 인간에겐 자유의지가 있다."라는 시각이다.

독일의 철학자 마르틴 하이데거(Martin Heldegger)는 존재가 뭔지 밝히기 위해서는 먼저 "인간이 뭔지 밝혀야 한다."라고 설파했다. 오직 인간만이 자신의 존재를 문제 삼을 수 있고, 오직 인간만이 '나는 누구인가?', '나는 왜 존재하는가?'라는 질문을 던질 수 있기 때문이다. 하이데거의 실존주의에 따르면, 현존재에는 세 가지의 특징이 있다.

첫째, 현존재는 '실존'한다. 아리스토텔레스는 인간을 인간답게 만드는 것은 이성이라고 봤지만, 하이데거는 '존재 방식'이라고 했다.

둘째, 현존재는 '염려하는 존재자'이다. 하이데거는 염려하는 것을 현존재의 특징으로 꼽았다. 현존재는 자신을 염려하고, 자신과 관계를 맺고 있는 도구들을 배려하고, 자신과 관계를 맺고 있는 다른 존재들을 염려한다.

셋째, 현존재의 또 다른 특징은 '피투성(被投性)'이다. 현존재는 자신이 태어나고 싶어서 태어난 것이 아니고, 죽고 싶어 죽는 것도 아니다. 그냥 태어난 것이다. 운명적으로 그냥 세상에 던져진 것이다. 이것을 '던져졌다.'라는 의미에서 피투성이라고 한다. 그냥 던져졌기 때문에 "어떻게 존재할 것인지? 왜, 존재하는지?"를 고민해야 한다는 것이다.

하이데거가 실존을 강조한 것은 맞지만, 현실에 있는 '개인'보다 '있다'라는 자체에 집중했다. '왜, 있냐?' '어떻게, 있냐?'라는 철학적 논의는 존재론에 가깝다. 하이데거는 세계는 왜, 존재하는가, 나는 왜, 존재하는가에서 더 나아가 존재한다는 것은 무엇인가, 존재란 무엇인가에 답하기 위해 개인의 운명, 세계의 운명을 고민했다고 볼 수 있다.

미국의 철학자 대니얼 데닛(Daniel Dennett)은 과학의 성과와 진화적 관점을 중시했다. 철저하게 기계적 결정론, 인과적 결정론을 받아들인다. 인과론적 결정론은 "과거 어떤 사건의 원인으로 미래의 어떤 사건이 결정되었다."라고 보는 것이다. 이에 따르면 현재 사건도 어떤 사건의 결과로 일어나게 된다.

따라서 과거 사건, 현재 사건, 미래 사건은 원인과 결과의 네트워크

속에서 일어난다는 것이다. 인간은 문화라는 엄청난 정보를 이용하여 미래를 예측하고 나쁜 결과를 피하는 선택 능력이 생겼으며, 그것이 바로 '자유의지'라는 것이다. 자유의지를 가진 인간은 '자신의 선택에 대한 이유를 제시할 수 있는 기계'라는 것이다.

이상에서 살펴본 운명과 관련된 철학적 논리와 함께 서양 운명론에 영향력이 컸던 것은 성경(Bible)이다. 성경 말씀 중에서 운명의 본질과 관련된 말씀을 간추리면 다음과 같다.

첫째, 네가 만일 네 입으로 예수를 주로 시인하며 또 하나님께서 그를 죽은 자 가운데서 살리신 것을 네 마음에 믿으면 구원을 얻으리니. 사람이 마음으로 믿어 의에 이르고 입으로 시인하여 구원에 이르느니라. 성경에 이르되 누구든지 저를 믿는 자는 부끄러움을 당하지 아니하리라 하니.

둘째, 아버지 하나님인 성부(聖父)와 하나님의 아들 성자(聖子)와 나에게 임한 하나님의 성적 영혼인 성령(聖靈)은 삼위일체로 똑같은 하나님이시다. 내가 죽으면 나의 영혼이 천국으로 가서 영원히 살게 되는 것을 굳게 믿어야 진정한 기독교인이다.

동서양이 운명론에 대해 철학적으로 다르게 접근을 하는 이유는 정치·경제·역사·문화·종교의 영향과 연결되어 있다. 또한, 동서양 운명론에서 공통으로 식별되는 메시지도 있다.

즉, 감사하는 마음·공감·감동의 마음을 이심전심으로 주고받는 것은 복(福)을 부르는 가장 좋은 습관이라는 포인트다. 이러한 좋은 습관이 개인이나 국가 운명을 개척하는 열쇠가 되기도 한다.

나쁜 습관은 운명 개척의 걸림돌이기 때문에 과감하게 제거해야만 한다. 걸림돌을 과소평가하여 방치 시, 개인 운명은 물론 국가 운명의 도도한 흐름 자체까지도 방해하게 되기 때문이다.

3) 성현(聖賢)들이 깨우쳐주는 운명론

기원전(紀元前) 900년부터 200년 사이에 석가모니·소크라테스·아리스토텔레스·공자·예수님과 같은 위대한 성현들이 출현하였다. 성현들이 남긴 가르침은 21세기의 현대인에게까지 교훈을 주며 지혜롭게 살아가는 지침이 되었다.

우리 선조들은 성현의 가르침에 따라 운명의 길을 개척하는 모습들을 보여주었다. "뿌린 대로 거두리라."라는 예수님의 말씀처럼, 개인이나 조직은 자발적 행동 여부에 따라 성패의 진폭이 달라지기도 한다.

'진인사대천명(盡人事待天命)'의 자세로 인간이 최선의 노력을 다하고 하늘의 뜻을 기다리는 겸허한 삶의 자세를 강조했다. 공자는 "인간이 하늘에서 부여받은 인성은 누구나 다 유사한 것인데 성장환경, 생각, 행동, 노력 등이 습관이 되어 운명이 된다."라고 설파했다.

개인은 물론 공동체와 국가의 운명은 인성·열정·의지·선택·지혜 등에 의해 개척되는 것이다. 우주 세계관·풍수지리학·명리학 등 관련 학문에서 설명하는 운명에 관한 논리 역시 총괄하여 분석해보면, 운명 결정론이 아니라 운명 개척론이 타당하다.

하늘이 대운을 내려 주더라도 감나무 밑에 누워서 감이 떨어지길 바라면 대운의 길(吉)과 복(福)이 지나가버려 기회를 상실해 버린다. 악운이라고 비관하여 자포자기하면 흉(凶)과 화(禍)는 더욱 늘어나는 반면 '반드시 극복하겠다'라는 신념을 갖고 최선을 다하면 흉(凶)과 화(禍)는 줄어들거나 사라지게 된다.

착한 일이 쌓이면 반드시 경사로운 일 등 축복을 받고, 나쁜 일이 쌓이면 반드시 재앙이 온다. 결국, 인간의 길흉화복 운세는 하늘이 내려 준다고 하더라도 궁극적인 운명은 자신의 인성·열정·관계·선택·지혜 등에 따라 결정된다.

미국의 실용주의 철학자이자 심리학자인 윌리엄 제임스(William James)는 『심리학의 원리』에서 "생각이 바뀌면 행동이 바뀌고, 행동이 바뀌면 습관이 바뀌고, 습관이 바뀌면 성격이 바뀌고, 성격이 바뀌면 운명도 바뀐다."라고 말했다.

즉, 모든 사람마다 주어지는 기회를 어떻게 포착하고 선택하느냐에 따라 운명이 좌우된다. 자신의 운명은 자신이 만들고, 조직과 국가의 운명은 리더와 구성원들이 함께 만드는 위대한 과정이다.

인생은 수시로 자신의 인성과 의지에 따라 변하게 되므로 결국 운명은 자신이 선택하고 결정한 길을 따라가는 것이다. 운명과 선택은 서로 보완적인 개념이며 우리의 삶에 균형을 부여하는 데 도움을 준다. 무엇보다도, 운명의 영향을 완전히 배제하고 선택만을 강조하는 것은 현실적이지 않다.

운명은 우리의 삶에 예측할 수 없는 변수를 가져올 수 있으며, 우리의 선택이 제한될 수 있다. 국가의 운명도 마찬가지이다. 미국의 지원을 받은 아프가니스탄과 대한민국의 운명은 극명한 대조를 이룬다.

아프가니스탄은 2021년 8월 탈레반 세력에 의해 수도 카불이 점령당하고 미군이 완전히 철수하는 파국으로 치달았다. 미국으로부터 2조 6,000억 달러의 지원을 받고도 패망하는 운명의 길로 떨어졌다. 그 이유는 부정부패로 찌든 무능한 정부는 20년 동안 미국의 지원을 전폭적으로 받고도 허망하게 무너졌다.

반면, 대한민국은 분단과 전쟁의 폐허를 딛고 127억 달러의 원조를 받아 세계 발전사의 모델이 되는 선진국 대열에 합류했다. 국가의 미래 운명을 결정하는 것은 그 나라 지도자와 국민의 선택이다. 국가 운명에 관한 국민의 공동 인식과 책임이 무거움을 알 수 있다.

이상에서 성현들의 가르침과 사례를 종합해보면, 운명이란 인간으로서의 인성과 품격, 가치관과 연결되는 것이다. 또한, 그 가치관의 기저를 이루고 있는 생각[사고] → 가치관 → 행동[실천] → 습관으로 이어지는 일련의 과정을 거치면서 운명 자체에 변화를 가져오게 되어있다.

4) 밝은 미래로 가기 위한 준비

독일의 철학자 프리드리히 헤겔(Friedrich Hegel)은 "역사는 그 속에 스스로 전진하는 정신 또는 영혼을 가지고 있다"라고 하면서, 이것을 '절대정신(Absolute Geist)'이라고 칭했다. 많은 나라가 이 절대정신, 고유의 사상과 이념을 갖고 있으며, 그 사상과 이념을 바탕으로 통솔력 [Leadership]이 형성되어 왔다.

절대정신의 예로는 '중국의 유학 사상·일본의 사무라이 정신·미국의 개척정신' 등이 있다. 이러한 사상과 이념들은 각 국가의 정신문화이자 영혼이며, 기층을 형성하는 토대로 맥을 이어오면서 국가의 정체성을 유지·발전시켜 왔다.

그렇다면 수천 년 역사를 이끌어온 한민족의 정신, 대한민국의 정신은 무엇인가? 이러한 질문에 대한민국 국민 대다수는 '홍익인간 사상'이라고 대답할 것이다. 지금 세계는 극단적 양극화로 인류 문명사에서 큰 전환점에 직면했으나, 서구식 논리로는 그 답을 찾지 못하고 있다.

세계 철학자들은 우리 고유의 사상과 생활문화에서 그 답을 찾고 있었다.

독일의 유명한 실존주의 철학자 마르틴 하이데거(Martin Heidegger)는 1960년대에 프랑스를 방문한 서울대 박종홍 철학과 교수를 초청한 자리에서 "내가 유명해진 철학사상은 동양의 무(無) 사상인데, 동양학을 공부하던 중 아시아의 위대한 문명 발상지가 한국이라는 사실을 알게 되었다"라고 밝혔다.

그러면서 박종홍 박사에게 "동양 사상의 종주국인 한국 천부경(天符經)의 홍익사상에 대해 이해할 수 있도록 설명해달라"고 요청했다. 또한 『25시』 저자 콘스탄트 비르질 게오르규(Constant Virgil Gheorghiu)는 "홍익인가 사상은 지구상에서 가장 완전한 율법이요, 가장 강력한 법률이며, 21세기를 주도할 세계의 지도 사상"이라고 극찬했다.

물질문명의 세계가 결국에는 극단적 양극화에 이르러 새로운 문화를 필요하게 될 것을 알았기 때문일 것이다. 홍익인간이 내포하고 있는 '널리 인간을 돕는다'라는 의미는 현대의 민주[민본]주의 정치사상에 부합한다. 즉, 인간의 행복 추구를 국가 정치의 궁극적인 목표로 삼는 민본 정치와 구성원들의 자치 원리인 민주주의를 의미하는 개념이다.

그리고 홍익인간 이념에서는 균형 있는 정치 방법론도 엿볼 수 있다. 이때 홍익인간 이념은 덕치(德治)도 법치(法治)도 아닌 이치(理致)를 말한다. 1919년 상하이 임시정부는 고조선을 세운 단군왕검이 10월 3일에 나라를 세웠다는 기록에 근거해 그날을 건국일로 지정했다.

제헌국회는 1948년 상하이 임시정부의 법통을 계승한다는 취지로 나라 이름을 대한민국으로, 국가 연호를 단기원년(檀紀元年), 즉 기원전 2333년으로 정했다. 그리고 대한민국 정부 수립 후 1948년 9월 25일 '연호에 관한 법률'에 의해 단군기원, 즉 단기(檀紀)를 국가의 공식 연호로 법제화했다.

'국경일에 관한 법률'을 1949년 10월 제정해 음력 대신 양력 10월 3일을 개천절로 정하고, 홍익인간을 건국이념으로 정했다. 우리의 교육법 제1조도 홍익인간의 이념과 인류 공영의 이상 실현을 목표로 하고 있다.

교육기본법 제2조는 "교육은 홍익인간의 이념 아래 모든 국민으로 하여금 인격을 도야(陶冶)하고 자주적 생활능력과 민주시민으로서 필요한 자질을 갖추게 함으로써 인간다운 삶을 영위하게 하고 민주국가의 발전과 인류공영(人類共榮)의 이상을 실현하는 데에 이바지하게 함을 목적으로 한다."라고 되어있다.

또한 문교부[현 교육부]는 "홍익인간은 우리나라 건국이념이기는 하나 결코 편협하고 고루한 민족주의 이념의 표현이 아니라 인류공영이란 뜻으로 민주주의의 기본정신과 부합되는 이념이다. 홍익인간은 우리 민족정신의 정수이며, 일면 기독교의 박애 정신, 유교의 인(仁), 그리고 불교의 자비심과도 상통되는 전 인류의 이상이기 때문이다"라고 밝히고 있다.

홍익인간은 우리 민족의 건국 정신인 동시에 민족적 신념이고 이상이다. 우리 민족은 홍익인간을 표방하며 5천 년을 이 땅에서 살았다. 그러므로 홍익인간은 우리 민족의 삶의 애환과 철학이 농축되어있는 개념이며, 우리가 성장과 발전을 고민할 때 가장 먼저 고려해야 할 사항이기도 하다.

널리 인간을 돕는다는 홍익인간 사상은 나라가 융성할 때는 예술혼으로, 민족의 수난기에는 호국정신으로, 일제강점기에는 독립운동을 전개하는 민족의 구심점으로 피어났다.

고려 중·후기 원나라의 침략 위기 때와 조선 말기 일본의 노골적인 국권 침탈의 위협이 있었던 시기에 수많은 의병이 일어나 나라를 위해 목숨을 바친 것도 홍익인간 정신이 그 바탕에 있었다.

홍익인간 이념과 통솔력(統率力), 어떤 관계가 있을까?

통솔력이란 주어진 상황에서 목표를 설정하고 그 목표를 성취하기 위해 개인 또는 집단의 행동에 자발적으로 영향을 끼치는 과정이다. 개인의 사리사욕을 넘어 조직 전체 이익을 챙기는 것은 결국 홍익인간 정신과 맞닿아 있다.

널리 인간 세계를 이롭게 하는 자질, 즉 '홍익인간'과 '통솔력'을 합친 '홍익인간 통솔력'이란 조직 구성원들의 복지를 위해, 나아가 공동체의 발전을 위해 상호 노력하는 것을 의미하는 것이다.

이러한 홍익인간의 이념을 받아들인 통솔력, 어떻게 발전하는지 살펴보자.

먼저 자기관리를 철저히 하는 '통솔력'은 홍익인간의 인본주의적 특징과 이타주의적 특징을 결합해 자신을 잘 관리할 뿐만 아니라, 자신에 대한 끊임없는 수신(守身)과 학습으로 다른 사람을 이끄는 것이다.

자신이 속해 있는 조직에서 조직원들을 이끌고, 조직의 핵심 역할을 하면서 헌신한다. 그리고 통솔력은 한민족이라는 긍지를 갖고 인류 발전에 공헌하며, 홍익인간 정신을 세계에 널리 알리는 역할을 하는 것이다.

반기문 UN 사무총장이 영어 공부에 전념한 고등학교 시절부터 외무고시 합격, 외교관, 외무부 장관, UN 사무총장 등을 거치며 리더로 성장한 과정을 연상하면 쉽게 이해할 수 있을 것이다. 홍익인간 통솔력은 우리 민족 역사의 모태(母胎)라고 할 수 있다. 이런 홍익인간 통솔력을 21세기에 맞게 활용한다면 밝은 미래를 만드는 데 밑거름이 될 것이다.

IV장

맺음말

맺음말

    우주에 존재하는 생물체들을 면밀하게 살펴보면, 서로 도움을 주고, 또 받으며 살아가고 있다. 인간도 역시 자연의 섭리와 이치에 따라 서로 도움을 주거나 받으며 살아가고 있다.

    인간은 성장하면서 가치 있는 대상을 찾아가는데, 아이 때는 엄마를 찾게 되고, 성인이 되면 이성을 찾게 되는 과정에서 어른스러워지면서 생명의 실상을 찾게 된다. 선조들은 이러한 과정을 뛰어난 통찰력으로 얻은 지혜를 알려 주었다.

    선조들이 알려준 지혜를 바탕으로 저마다 사회를 돕기 위해 실천하기 전에 자아완성(自我完成)을 이루고 나서 이지러짐이 없이 이치에 맞게 대처할 수 있게 된다. 따라서 어떤 준비과정이 필요한지 살펴보겠다.

1. 널리 도와줄 수 있는 심신(心身)수련

신라 때 최치원은 자연의 섭리와 이치를 통찰하고 기(氣)의 생성 원리를 명쾌하게 설명했다. 난랑비 서문(鸞郎碑 序文)에서 나라에 현묘(玄妙)한 도(道)가 있으니 이를 풍류(風流)라고 밝혔다. 그 뜻은 신비스러운 자연의 섭리와 이치를 깨닫고 자연과 함께 멋스럽게 어우러져야 한다는 가르침이다. 최치원은 이 경지에 이르게 되는 이치를 현빈일규(玄牝一竅)로 설명했다.

현빈일규(玄牝一竅)에서 '현(玄)' 자는 천기(天氣)를 뜻하며 양기(陽氣)를 상징한다. '빈(牝)' 자는 지기(地氣)를 뜻하며 음기(陰氣)를 상징한다. '규(竅)' 자는 구멍을 뜻한다. 천기(天氣)와 지기(地氣) 사이 공간에 합(合)을 이루면 '하나의 구멍'이 생기며, 그곳에서 기(氣)가 머무르고 교감이 그치지 않는다는 것이다.

최치원이 '하나의 구멍'에서 기(氣)가 머문다고 한 뜻은 어떤 의미일까? '하나의 구멍'을 과학적인 방법으로 비유하여 설명하자면, A 지점과 B 지점에서 무전기(無電機)로 교신하려고 한다고 하자. 그렇게 하려면 우선 무전기의 주파수가 연결되어야 하는 것처럼, 천기(天氣)인 우주의 주파수와 지기(地氣)인 땅의 주파수가 연결되면, 그 선(線)으로 에너지가 왕래하는 것과 같은 이치다.

자연의 영향을 받으며 그 안에서 인간이 살고 있기에 인간을 소우주

(小宇宙)라고 한다. 따라서 인간의 구성 또한 같다고 할 수 있다. 인간의 신체(身體)는 보이는 물질과 보이지 않는 것으로 이루어졌다. 보이는 물질은 피부와 살과 내장이 있으며 뼈와 세포가 있다. 보이지 않는 것은 '기(氣)와 마음'이다. 이 '기(氣)와 마음'은 보이지도 않고, 형체와 크기와 냄새와 색깔도 없지만, 엄연히 존재한다.

인체의 혈관에는 혈액(血液)이 흐른다. 혈액에 일정한 자장을 걸어주면 '산소 원자'와 '수소 원자'가 정렬했다 흩어졌다 하면서, 한 지점에서 다른 지점으로 전기량을 옮기는 데 필요한 두 점 사이의 '전압의 차이'를 발생시킨다. 이 힘은 암세포의 결정 구조를 흔들어 파괴하기도 하고, 혈관 내의 자율 신경을 자극하여 피의 흐름을 촉진(促進)시켜 주기도 한다. 이 전압의 차이를 발생시키는 힘이 바로 기(氣)다.

우리 주변에서 '기(氣)'라는 말을 흔히 사용한다. '기(氣)'라는 이 말은 일반화되어 사용되고 있지만, 아직도 과학적으로 풀 수 없는 그 무엇이 있기에 더 '기(氣)'에 관심을 갖게 하는지도 모른다. 서양 과학에서는 눈으로 볼 수 있어야 한다. 그리고 수치화할 수 있어야 한다. 그러나 동양 철학에서는 눈으로 볼 수 없는 부분을 예리하게 꿰뚫어 보는 통찰력으로 보이지 않는 내면을 관찰할 수 있기 때문이다.

우리가 마음과 기(氣)는 눈으로 볼 수 없지만, 그 작용은 느낄 수 있다. 그리고 그 내용을 수치화할 수 있게 되었다. 그래서 과학의 이름으로 말할 수 있는 것이다. 뇌파(腦波)의 주파수는 감마파(30Hz)·베타파(14~30Hz)·알파파(8~14Hz)·세타파(4~8Hz)·델타파(0.4~4Hz)로 세분할 수 있다. 그리고 인간의 활동 변화를 활동 뇌파와 명상 뇌파와 수면 뇌파로 구분해 볼 수 있다.

예를 들어 잠자는 사람의 뇌파를 측정하면 8Hz 이하로 떨어진다고 한다. 수면에서 깨어나 활동하는 사람의 뇌파를 측정하면 14Hz 이상으로 상승한다고 한다. 그런데 명상을 하는 사람의 뇌파를 측정하면 8-14Hz 사이에 있다. 그래서 선조들은 옆에서 굿을 해도 모를 정도로 수련에 몰두(沒頭)하라고 하는 것이다. 수련을 얼마나 오래 했느냐 보다, 얼마나 집중했느냐를 따지는 이유이다.

2. 마음공부 없이 하는 운동, 목적지 없는 항해(航海)

그래서 바른 마음[正心]·바른 깨우침[正覺]·바른 행동[正行]이라는 목표를 정해야 한다. 먼저 마음을 바로 가져야 한다. 마음이 삐딱하면 세상이 삐딱하게 보이는 법이다. 다음은 사욕편정(邪慾偏情)에 빠지지 않는 깨우침을 얻어야 한다. 사특한 생각이 일면 분심잡념(忿心雜念)이 꼬리를 물기 때문이다. 마지막으로 인간의 도리에 어긋나지 않는 행동을 해야 한다.

몸은 거짓말을 하지 않는다. 그러나 마음은 거짓말을 한다. 그래서 마음은 속일 수 있어도 몸은 속일 수 없다고 말하는 것이다. 우리는 마음을 볼 수 없다. 그러나 그 사람의 자세나 태도를 보면 마음을 유추해 볼 수 있다. 자세는 무의식적으로 작용하는 생리적인 몸동작으로 습관이 지배한다. 그리고 태도는 행위자의 의지가 의식적으로 작용하는 정신적인 동작이다.

그렇다면 태도 변화는 어떤 때 일어나는 것일까? 어려서부터 큰 사람이 되겠다고 다짐하는 사람은 큰 사람이 된다. 반면에 생각 없이 지낸 사람은 평범한 사내에 머물고 만다. 세상만사 마음먹기에 달렸다는 것이다. 즉 심기혈정(心氣血精)이 작용한다는 것이다. 바른 마음에서 기운의 성질이 결정되고 기에 의해 혈의 성질이 결정되고, 혈에 의해 정의 성질이 만들어진다는 것이다.

그래서 사람들이 마음을 다스리기 위해 명상을 하게 된다. 명상이란 생각과 잡념을 완전히 끊어진 상태를 말한다. 이렇게 머리가 비어버린 느낌이 드는 상태에서 참 명상이 시작된다. 명상이 더 깊어지면 뇌의 기능들이 활성화되면서 머리가 맑아진다. 이처럼 더 효과적인 명상이 될 수 있게 하려면 눈을 감으라고 한다. 그리고 생각도 버리고 의식도 버리라고 한다.

이렇게 막연한 이야기만 듣고 수련하다가 최근 과학자들의 뇌파 연구 결과를 듣게 되면서 수련의 집중도가 높아졌다. 과학자들은 뇌파를 감마파(30Hz)·베타파(14~30Hz)·알파파(8~14Hz)·세타파(4~8Hz)·델타파(0.4~4Hz)로 세분하여 밝히면서 사람의 활동에 따라 뇌파가 변화된다고 밝혔다.

수련자가 명상할 때 뇌파를 측정한 결과, 명상 뇌파[알파파: 8Hz~14Hz]가 활성화되었다. 그런데 수련자가 명상 중에 깜박하고 잠시 잠이 들면 수면 뇌파[세타파·델타파]로 떨어졌고, 수련자가 명상 도중에 옆 사람과 이야기하거나 다른 생각으로 한눈을 팔면 활동 뇌파[베타파·델타파]로 넘어간다고 한다.

수련자들이 명상할 때 뇌파의 수치가 과학적인 방법으로 검증되었다는 것은 명상에 대한 신뢰도를 높여준 것이다. 그래서 수련자가 명상할 때 옆에서 굿을 해도 모를 정도로 집중해야 한다. 의식을 버리고 생각을 버려 무심의 경지에 들면 자연과 내가 하나로 조화되는 경지에 이른다. 이때 생명의 실체를 알게 되고, 천지 마음을 깨닫게 될 때 널리 이롭게 할 수 있는 힘을 얻게 된다.

깨우침이란 '아! 그렇구나' 하고 스스로 터득하는 것이다. 스스로 관(觀)을 만드는 것이다. 스스로 잣대를 만드는 것이다. 스스로 기준을 만드는 것이다. 마음공부를 해야 하는 이유는 마음을 스스로 다스리지 않으면 잘못된 길로 갈 수 있기 때문이다. 그래서 바람직한 생활상을 정립해 놓아야 한다.

3. 홍익인간 펼치려면 자신을 갖추어야

첫 번째 조건은 건강(健康)해야 한다.

건강은 정신적으로나 육체적으로 아무 탈 없고 튼튼한 상태로 자기 몸의 에너지를 100% 활용할 수 있는 정도를 말한다. 인체의 감각을 깨우고 몸과 마음의 조화를 회복하는 것은 이러한 차원의 건강을 얻기 위함이다. 육체적인 건강이 유지되지 않는 사람은 본의 아니게 남에게 폐를 끼치게 된다.

두 번째 조건은 양심(良心)을 갖추어야 한다.

양심은 사물의 가치를 변별(辨別)하고 자기의 행위에 대하여 옳고 그름과 선(善)과 악(惡)의 판단을 내리는 도덕적 의식이다. 옳고 그름의 내용은 시대에 따라 다르고, 문화에 따라 다를 수 있겠지만 참 되고자 하는 의지는 보편적이다. 양심을 지키기 위해서는 '나는 누구인가, 내 삶의 목적은 무엇인가'에 대한 자각이 필요하다.

세 번째 조건은 능력(能力)을 갖추어야 한다.

능력에서 가장 중요한 요소는 지성(知性)이다. 지성은 문제해결 능력이며 깊은 통찰과 확고한 실천력을 전제로 한다. 통찰은 사심이 없는 관찰로부터 나오며 실천력은 큰 사랑으로부터 나온다. 건강하고 조화로운 몸과 마음이 이러한 지성을 만든다. 유능한 사람은 의식주 해결과 전문적인 지식을 갖출 수 있어야 한다.

네 번째 조건은 정서적인 풍요로움을 갖추어야 한다.

정서적으로 여유로운 사람, 멋과 풍류를 아는 사람이 되어야 한다. 정서는 마음에서 일어나는 여러 가지 감정을 불러일으키는 기분이다. 이런 감정을 지배하고 통제하고 억압하면 우리는 결코 감정으로부터 자유로워질 수 없다. 감정으로부터 자유로워져야만 말과 행동이 자연스럽게 되며, 행한다는 생각 없이 행할 수 있게 된다.

다섯 번째 조건은 신령스러움을 갖추어야 한다.

신령스러움이란 높은 의식의 차원에서 행동으로 드러나는 거룩함이라고 할 수 있다. 신령스러움은 양심을 바탕으로 할 때 참된 모습을 드러낸다. 우주의 천지 기운과 천지 마음을 향해서 마음을 활짝 열면 무한한 에너지가 몸으로 들어오게 돼 있고, 그 에너지가 몸 안에 가득 찼을 때 신령스러워지는 것이다.

4. 이 선택은 오로지 자신만이 할 수 있다.

사람들은 현실 속에서 하는 일 없이 세월만 헛되이 보내는 사람이 되거나, 원활한 삶 속에서 조화로운 어울림을 지향하는 사람이 되기도 한다. 인간이 가치 있는 대상을 찾아가는 과정을 살펴보면, 아이는 엄마를 찾게 되고, 성인이 되면 이성을 찾고 어른스러워지면서 절대적인 완성을 갈구하여 인간으로서 지켜야 할 참가치를 찾아 실천하려고 한다는 것이다.

홍익인간이 되기 위해서는 먼저 심신(心身)의 균형과 조화로 우아일체(宇我一體)를 이루어야 한다. 이 경지에 도달하게 되면 생명의 실체를 알

게 되어 너와 내가 하나임을 알고, 사적인 마음을 버리고 전체 이익을
위한 일에 삶의 뜻을 두고 실천하게 된다. 그래서 선조들은 중도일심(中
道一心)을 강조한 것이다. 세상을 널리 이롭게 하기 위해서는 내가 먼저
중심을 유지해야만 하기 때문이다.

한민족의 문화

홍익인간 이야기

조한석 지음

발행처   도서출판 청어
발행인   이영철
영업   이동호
홍보   천성래
기획   육재섭
편집   이설빈
디자인   이수빈 | 김영은
제작이사 공병한
인쇄   두리터

등록   1999년 5월 3일
         (제321-3210000251001999000063호)

1판 1쇄 발행 2025년 1월 10일

주소   서울특별시 서초구 남부순환로 364길 8-15 동일빌딩 2층
대표전화 02-586-0477
팩시밀리 0303-0942-0478
홈페이지 www.chungeobook.com
E-mail   ppi20@hanmail.net

ISBN   979-11-6855-313-2(03150)